이택룡 에세이집

청백리淸白吏가 그립다

이택룡 에세이집 청백리淸白吏가 그립다

2016년 10월 31일 인쇄
2016년 11월 5일 발행

저 자 : 이택룡
발 행 인 : 이무형
발 행 처 : 태학원

판 권
인 쇄

신고번호 : 제 406-2014-000130호
주 소 : 경기도 파주시 탄현면 장릉로 49번길 32, 나동
전 화 : 031-941-4136
팩 스 : 031-941-4135

가 격 : 14,000원

I S B N : 978-89-92832-83-0 03810

이택룡 에세이집

청백리淸白吏가 그립다

태학원

잃어버린 마음을 찾으려는 디오게네스

– 이택룡 에세이집 ≪청백리가 그립다≫의 서문에 부쳐 –

이 정 림

≪에세이21≫ 발행인 겸 편집인 · 수필평론가

아호雅號는 자기가 직접 짓기도 하고, 남이 지어 주기도 한다. 자기가 지을 때는 지향하고자 하는 어떤 선善을 추구하려는 의지를 나타내지만, 남이 지어 줄 때는 받는 사람의 인격을 기리는 의미를 지니게 된다.

이택룡 선생의 호는 송곡松谷이다. 그러나 이 호는 선생이 직접 지은 것이 아니라 선생을 잘 아는 어느 시인이 지어 준 것이다. 그 시인은 이 호에 이런 찬시를 덧붙였다.

> 가난한 사람/ 외로운 사람/ 병들어 신음하는 사람/ 기대고 싶을 때면 언제나/ 조용히 찾아가는 나무가 있지/ 푸른 솔향기 묻은 나뭇가지마다/ 찬바람 천둥소리도 매섭게 묶어 놓고/ 그래도 아무 말 없이/ 제자리만 지키고 있는 나무// (중략) // 저 푸른 소나무처럼/ 보이지 않는 골짜기에서/ 그윽한 향기로 세상을 품고 있는 송곡松谷

이 호를 선사받고 선생은 “내가 소나무를 좋아하는 것과 가난하고 소외된 이들을 위한 사회사업에 참여하고 있음을 알고는 그에 걸맞은”(《아호雅號처럼 살고 싶다》) 호를 지어 준 것 같다고 겸손해했다. 그러나 그 호를 지어 준 시인은 평소 선생의 인품을 잘 아는 사람이 아니었을까.

선생이 소나무를 좋아하는 것은 멋진 풍격만이 아니다. 소나무는 온갖 고난과 역경 속에서도 굴하지 않는 강인함과 높은 기상을 상징하는 나무이기 때문이다. 그러기에 소나무를 보면 성삼문을 떠올리게 되고, 오늘날은 그와 같은 지조와 절개가 실종되었음을 안타까워한다.

선생은 한때 노동운동에 참여한 적이 있다. 그것은 힘이 없어 자기 몫을 찾지 못하는 사람들, 큰소리에 눌려 자기 목소리를 내지 못하는 약자들에 대한 애정 때문이었다. 그러나 자석의 양극처럼 근로자들의 권익을 주장하는 선생의 정의正義가 있다면, 한편에는 그것을 막으려는 기득권자의 방해가 있게 마련이다. 순수한 정의감만으로 바위 같은 그 세력에 대항한다는 것은 처음부터 맞수가 될 수 없었던 일이었는지 모른다.

노동운동을 하면서 선생은 크게 깨달았을 것이다. 불평등의 간극을 없애려면 꺾이지 않는 힘을 길러야겠다고. 선생은 마침내 1996년 정계로 뛰어든다. 그것도 기득권이 보장되는 정치판이 아니라 야당의 국회의원 후보가 된 것이다. "이 땅에 민주화를 실현하여 정치 발전을 꾀하고, 능력 있고 양심적인 사람이 대우받는 사회를 만"(《외도外道》)들겠다는 신념으로 정계에 입문했지만, 선생이 몸소 체험한 정치판은 혼탁한 흙탕물이었을 뿐이다. 우리나라의 정당은 국민을 위한 정치를 하는 게 아니라 오직 자신만의 이익을 위해 존재하는 붕당임을 깨달아야만 했으니, "광활한 벌판에 홀로 뛰는 마라톤 선수처럼 외롭고 고통스러운 싸움"(윗글)을 더 이상 계속할 수가 없었을 것이다.

선생은 이렇게 회고한다. "그때 교수직을 떠나 정치판에 뛰어든 것은 외도外道였다. 내 생애에 있어 돌이킬 수 없는 오점과 뼈아픈 상처만을 남긴 사건이었다. 이제는 정치는 그만두고 학자의 자리를 지키고 글을 쓰며 분수에 맞는 삶을 사는 것이 순리가 아닐까 싶다."(윗글).

선생은 다시 교단으로 돌아왔다. 그것은 패배자의 귀향이 아니라 떠나서는 안 될 본향이 무엇이었는지를 깨달았던 값진 회귀였다.

그렇게 상처뿐인 '외도'를 끝내고 학자의 자리로 돌아왔으면서도, 선생은 여전히 소년 어니스트가 큰 바위 얼굴을 기다리듯(나다니엘 호손의〈큰 바위 얼굴〉에서 원용), 국민의 소리에 귀를 기울일 줄 아는 목민관, 청빈하고 검소한 청백리淸白吏가 나타나 주기를 기다린다. 그런 청백리가 정말로 나타난다면, 부도덕하고 물질만능주의에 빠져 있는 이 세상을 정화시켜 줄 것이 아닌가(《청백리淸白吏가 그립다》). 자신이 꿈꾸었던 세상을 그 청백리가 대신 이루어 주기를 바라는 마음이 너무도 크기에 선생은 아직도 기다림의 끈을 놓지 못하고 있는지도 모른다.

큰 바위 얼굴을 닮은 훌륭한 사람이 오기를 기다리면서 정직한 사람으로 늙어 간 어니스트는 자신도 모르는 사이에 유명한 전도사傳道師가 되었다. 그의 맑고 높고 순박한 사상은, 소리 없이 그의 덕행으로 나타나 존경을 받는 사람이 된 것이다. 그래서 시인은 그토록 기다리던 그 큰 바위 얼굴은 바로 당신이라는 것을 일깨워 준다.

송곡 선생도 여전히 '참 청백리'를 기다리면서, 한편으로는 칼럼을 쓰고 수필을 쓴다. 선생이 쓰는 글 속에는 따뜻한 인간미가 있고, 꺾이지 않는 정의가 있으며, 가슴으로 하는 사랑이 무엇인지를 가르쳐 주는 묵언默言이 있다. 자신이 큰 바위 얼굴임을 몰랐던 어니스트처럼 선생은 자신이 '참 청백리' 임을 모르고 있는 것이 아닐까. 일찍이 시인이 선생에게 '송곡松谷'이라는 호를 지어 주었음에도 불구하고.

선생은 요즘 맹자의 '구방심求放心'에 심취해 있다. "사람이 닭이나 개를 잃어버리면 곧 찾을 줄 아나, 잃어버린 마음은 찾을 줄 모른다. 학문의 도는 다른 것이 아니다. 그 잃어버린 마음을 찾는 것이다."(《잃어버린 마음을 찾아》).

본디 있었으나 잃어버린 마음, 본디 선하게 태어났으나 세상의 유혹에 물들어 잃어버린 마음, 그 마음을 찾기 위해 선생은 낮에 등불을 들고 다니던 디오게네스처럼 강의를 하고 수필을 쓴다.

선생은 수필을 통해 정치판에서 고군분투하는 아들을 위해 지원을 아끼지 않으셨던 아버지, 어린 시절 큰 사랑으로 허물을 감싸주셨던 아버지를 그리워한다. 또한 친구들과 바짓가랑이를 걷어 올리고 미꾸라지를 잡던 동심의 시절로 돌아가 보기도 하는데, 이는 얼마나 아름다운 한유閑遊인가.

그러나 선생의 마지막 꿈은 "자연과 벗하며 조용히 제삼의 인생을 살고 싶"(《제삼의 인생을 어디에서》)은 것이다. 그 곁에 어려운 생활을 묵묵히 견디어 준 아내, 오십 년의 세월을 함께 해로한 동반자가 있을 것이니, 이보다 더한 청복淸福이 어디 있겠는가.

책을 내면서

나는 일반 직장을 포함해서 반평생을 가르치는 교직에 종사해 왔다. 대학에서 경영학, 경제학, 세법, 사회복지학 등의 사회과학 분야를 가르쳤고, 논문도 발표하고 신문에 칼럼도 꽤 많이 썼다. 그러다 보니 부드럽고 아름다운 문예적인 글을 쓰고 싶어졌다. 그래서 문화센터에서 수필 쓰기 공부를 시작했다. 그 덕분에 2010년 가을, ≪에세이21≫에 〈사랑의 손〉이라는 글이 완료 추천되어 등단의 영광을 안았다.

오랜 세월, 대학에서 사회과학 분야의 연구 논문 쓰기에 익숙해 있었고, ≪지역사회복지론≫이라는 대학 교재도 출판했다. 그러다 보니 문예적인 글, 수필 쓰기가 생각처럼 녹록지 않았다. 여러 가지 도움을 주신 산영재 선생님께 진심으로 감사를 드린다.

금년 들어 결혼 51주년이 되었고, 내 나이 팔십을 맞았다. 따라서 내 생애에 있어 궤적을 돌아보면서 '에세이집'을 세상에 내놓기로 결심했다. 그동안 쓴 글을 책으로 엮으려니 여간 부끄러운 일이 아니다. 인생 내리막길에 접어들었지만 무엇 하나 제대로 이뤄 놓은 것이 없는 것 같다. 그러나 낙망하지 않고 수필 쓰기에 정진하려 한다.

부족한 글을 펴내기 위해 애써 주신 출판사 태학원 이무형 사장님께 감사드린다. 또한 이 책을 완성하기까지 원고 정리에 신경 써 주고 하느님을 믿고 잘 성장해 준 두 딸 헬레나와 안젤라에게 고마움을 전한다. 지난여름은 왜 그리도 폭염이 계속되었는지 참기 어려웠다. 서재에서 퇴고 작업을 하느라 밤잠을 설칠 때, 아내가 해 준 위로의 말 한마디와 향기로운 커피 한 잔은 얼마나 큰 힘이 되었는지 모른다. 오십여 년을 해로하며 함께해 준 아내 테레사에게 고마운 뜻을 마음으로부터 전하며 이 책을 바친다.

2016년 11월

일산 호수마을 우거에서

松谷 李澤龍 테오도로

차례

서문

잃어버린 마음을 찾으려는 디오게네스 | 이정림 • 4

책을 내면서 • 10

연보 • 272

Chapter 1 아버지의 사랑

사랑의 손 • 18

아버지의 사랑 • 22

아호雅號처럼 살고 싶다 • 27

땅과 쌀은 생명줄 • 31

결사대의 만용蠻勇 • 36

외도外道 • 41

제삼의 인생을 어디에서 • 46

태산같이 큰 사람을 • 50

Chapter 2 레드우드와 만나던 그날

100세 시대와 치매 • 56
청백리淸白吏가 그립다 • 61
부패 문화의 척결 • 68
레드우드와 만나던 그날 • 72
압록강단교鴨綠江斷橋 • 77
과거를 잊는 민족에게 미래는 없다 • 83
괴테 하우스Goethe-Haus • 88
하롱베이Halong Bay • 93

Chapter 3 어머니의 적선積善

나비 효과 • 100
기부 문화 • 105
어머니의 적선積善 • 110
안중근安重根 의사 • 115
남북 경협南北經協 • 123
유교 자본주의의 한계 • 128
비경 호아루Hoa Lu • 132
국제정치는 세력 정치인가 • 138

Chapter 4 잊을 수 없는 사람들

21세기는 인도양 시대 • 144
통일의 새로운 패러다임 • 149
잊을 수 없는 사람들 • 156
잊을 수 없는 일 • 161
도덕성 회복을 위한 소고 • 166
한일 세무사 친선 관계 • 170
IMF의 교훈 • 174
퇴직기 근로자의 태도 • 180

Chapter 5 금혼의 해로諧老

교수직敎授職과 학회 • 186
신앙과 사도직 활동 • 12
금혼의 해로諧老 • 203
루르드의 성모님 • 209
나가사키長琦 순심대학교 • 215
유년의 둥지를 회상하며 • 221
잃어버린 마음을 찾아 • 225

민주화의 꽃 Chapter 6

소리 없는 소리를 들어야 • 232

민주화의 꽃 • 237

지자체의 기업가적 경영 방식으로의 전환 • 241

재정 운영의 방만성 유감 • 245

노령화 사회는 성숙한 복지사회인가 • 249

일본 태양의 집 방문 • 255

하와이Hawaii 기행 • 259

오사카 사회복지 시설 연수 • 266

Chapter 1

아버지의 사랑

사랑의 손

아버지의 사랑

아호雅號처럼 살고 싶다

땅과 쌀은 생명줄

결사대의 만용蠻勇

외도外道

제삼의 인생을 어디에서

태산같이 큰 사람을

비록 자식이 잘못을 저질렀다 하더라도 아버지가 생각하는 자식이란 늘 애잔하고 안쓰럽기만 한 존재이리라. 그리하여 아버지는 그 자식의 허물을 사랑으로 묻어 버리신 것은 아니었을까. 그때 내가 아버지였다면 나는 어찌하였을까….

사랑의 손

수업 준비를 하기 위해 자료를 뒤적이다가 사진 한 장을 발견했다. 일본 복지시설에서 실습할 때 학생들과 찍은 사진이다. 사진을 보니 그때 그 감격스런 일들이 머릿속에서 선명히 떠올랐다.

그해 여름, 나는 사회 복지를 공부하는 이십여 명의 학생들과 일본 나가사키長琦에 있는 중증 장애인 시설에서 열흘 동안 실습에 참가했다. 그곳은 성모기사수녀회의 설립 법인으로 성 막시밀리안 콜베 신부의 희생정신을 본받아 운영하는 시설이었다. 콜베 신부는 폴란드 출신으로 제2차 세계대전 당시 독일 아우슈비츠 강제수용소에서 동료 죄수를 살리고 대신 죽음을 택한 신부로서 후에 성인 반열에 오른 분이다.

도착한 이튿날, 우리는 작업복으로 갈아입고 실습 현장에 나갔다. 일정은 다양한 프로그램으로 짜여 있었다. 현장을 여러 군데 둘러본 후 정신지체아 시설에 갔을 때는 아이들이 사람이 그리워서인지 우리에게 와락 달려들기도 했다. 얼굴이 좀 일그러지기는 했어도 한결같이 해맑고 천진난만한 모습들이었다.

우리는 두 명이 한 조가 되어 수녀 복지사로부터 할 일을 배정받았다. 주로 아이들을 목욕시키고, 이를 닦아 주고, 기저귀를 갈아주고, 밥을 먹여 주는 일 등이었다. 그런데 그런 단순한 일들이 생각만큼 쉽지가 않았다. 한 아이를 목욕시키고 나서 옷을 갈아입히고 있는데 별안간 그 아이가 내 가슴에 덥석 안겼다. 내게서 아빠의 체취를 느꼈던 것일까. 나도 그 아이를 꼭 끌어안았다. 그 순간 측은한 생각이 들어 마음이 울컥했다. 그리고 기저귀를 막 갈아주려고 하는데 아이가 갑자기 설사를 하는 바람에 아랫도리가 온통 오물로 범벅이 되고 말았다. 당황스러웠지만 재빨리 몸을 씻겨 주었다.

우리가 이렇게 종일 일을 하다 보니 저녁때는 땀으로 범벅이 되어 옷이 흠뻑 젖었다. 장애 아이들을 돌보는 일을 처음 해 보지만, 피로한 기색도 없이 열심히 일하는 학생들의 모습을 보니 대견스럽고 흐뭇했다.

하루는 일과가 시작될 무렵 학생 대표가 놀란 표정으로 달려와 호들갑을 떨었다. 수녀님이 아이의 기저귀를 갈아주면서 '변'을 손가락으로 만지작거린다는 것이었다. 그 광경을 본 학생들과 나는 깜짝 놀랐다. 아이의 소화 상태를 검사하는 것이라고는 하지만 어찌 남의 변을 손으로 만질 수 있단 말인가.

그 광경을 본 우리들은 잠시 넋을 잃고 있었는데 마침 그곳을 지나던 원장 수녀께 그 상황에 대해 물어보자 피씩 웃으면서 "그것은 그 수녀님의 직분일 뿐입니다." 하고 간단히 대답했다. 이어 수녀님은 "나는 수도자로서 장애 아이들을 곧 하느님으로 생각하기 때문에, 하느님의 변을 만져 보는 것은 영광스러운 일입니다." 하고 태연하게 말하는 것이었다. 수녀님의 그 깊은 신심과 사랑에 숙연해져 우리는 할 말을 잃었다. 그때 마침 유리창을 통해 아침 햇살이 쏟아져 들어와 그 수녀님의 손과 하얀 수도복을 내리비쳤다. 순간 눈부신 광채에 그분이 천사처럼 보이는 것이었다. 우리는 그날부터 그분을 '천사 수녀님'이라 불렀다.

천사 수녀님은 겉보기에는 몸이 마르고 약해 보였지만 아이들을 돌보는 시간에는 의자에 앉는 법이 없었다. 늘 서서 묵주를 돌리며 기도를 하고 있었다. 또 항상 밝은 미소로써 아이들을 따뜻하게 대해 주었다. 그는 사랑은 머리가 아닌 가슴으로 실천하고 봉사하는 것임을 보여 주는 것 같았다.

열흘 동안의 실습을 마치고 헤어져야 할 시간이 되었다. 학생들과 아이들은 그동안 정이 들어서인지 서로 부둥켜안고 한참 동안 떨어질 줄 몰랐다. 아이들은 끝내 소리 내어 울면서 마치 사랑하는 부모님과 이별하는 것처럼 헤어짐을 안타까워했다. 짧은 일정이었지만 우리는 그곳에서 참 수도자의 상像을 보았다. 그리고 우리가 실습하는 내내 그분들은 세상에서 버림받은 장애 아이들을 친자식처럼 사랑하고 돌보고 있음도 보았다. 그런 모습은 콜베 신부의 헌신적인 희생과 사랑의 정신을 실천하는 삶이 아닐까 싶었다.

고故 김수환 추기경님은 그의 저서에서 "사랑이 머리에서 가슴으로 내려오는 데 몇 십 년이 걸렸다."고 했다. 가슴으로 사랑한다는 것이 얼마나 어려운지를 단적으로 말해 주는 대목이다. 많은 시간이 흘렀지만 그곳에서 체험했던 감격의 순간들은 아직도 잊을 수가 없다. 사진을 다시 수첩에 넣고 잠시 눈을 감고 생각해 보았다. 나는 그동안 장애 아이들을 가슴으로 사랑했던가 하고.

그날, 아침 햇살이 수녀님의 손과 하얀 수도복을 내리비쳤을 때 나는 분명 어떤 소리를 들은 것 같았다. 그것은, 사랑은 가슴으로 해야 한다는 바로 그 묵언默言이었다.

(2010)

아버지의 사랑

아버지의 기일忌日이라 딸아이와 함께 미사에 참석했다. 성당 안은 보통 때와 달리 신자들로 꽉 찼고 경건한 가운데 아버지를 위해 기도를 드렸다. 미사를 마친 후 딸과 함께 고향 선산에 내려가 부모님의 묘 앞에서 큰절을 올렸다. 그리고 산을 내려오면서 보니, 눈앞에 펼쳐진 바다가 배산임수背山臨水라는 말을 실감나게 했다. 유년 시절에는 그 바다에서 아이들과 벌거벗고 멱 감다가 심심하면 갯벌에서 미끄럼을 타기도 하면서 놀았다. 내게 그때만큼 아름다운 추억은 없는 것 같다.

들녘을 지나 마을로 접어 드니 생가에 들르고 싶은 생각이 들었다. 십여 년 전만 해도 부모님이 사셨던 집인데 지금은 헐리고 빈 터에 잡초만 무성하여 을씨년스럽기만 했다. 이곳에서 우리 육 남매가 태어났고, 어른들은 자식들의 곡성을 들으며 세상을 뜨셨다. 길섶에 서서 이곳저곳을 살펴보았다. 뒤란이었던 곳에서 감나무, 대추나무, 매화나무, 주목이 잘 살고 있었다. 돌멩이들도 옛 모습 그대로여서 정감이 들었다. 집터에 아직도 조상의 얼이 서려 있는 듯했다.

내가 대여섯 살 때였다. 그해 초겨울, 추수가 끝난 마을은 조용하고 평화스러웠다. 나는 동네 친구들과 쪽대문 밖에 둘러앉아 오순도순 얘기하며 놀고 있었다. 양지바른 곳인데도 북쪽에서 칼바람이 불어오니 한 녀석이 추위를 견디지 못해 지푸라기를 모아 놓고 성냥불을 켜 댔다. 그런데 갑자기 바람이 '휙' 하고 불더니 불길이 순식간에 우리 집 뒷간으로 옮겨 붙고 말았다. 아이들은 불을 끌 생각은 못하고 겁이 나서 모두 줄행랑을 치고 나 혼자만 걱정이 되어 아버지에게 달려가 불이 났다고 떨면서 말씀드렸다. 놀란 아버지는 부랴부랴 동네 사람들에게 그 사실을 알리고 비상종을 치게 하셨다. 온 동네 사람들은 물통을 들고 뛰쳐나와 불을 끄기 시작했다. 그러는 동안 나는 옆집 헛간에 쪼그리고 앉아 그 광경을 가슴 졸이며 바라만 보고 있었는데 시간이 흐를수록 점점 불안과 공포가 밀려왔다. 불은 사그라지기는커녕 오히려 거세게 번져만 갔다. 뒷간 잿더미 속에 아버지가 감춰 놓으신 볏가마들이 타들어 가고 있었다.

그 당시 일제는 농민들이 피땀 흘려 농사지은 벼를 한 톨도 남기지 않고 죄다 빼앗아갔다. 뿐만 아니라 총알을 만든다고 놋그릇, 수저, 놋화로는 물론이고 놋요강까지 거둬 갔다.

불꽃은 계속 "딱~딱~" 튀면서 벼가 타는 소리를 냈다. 그리고 벼 타는 냄새가 코를 찔렀다. 불길은 점점 퍼져만 갔다. 그런데 아버지는 위험을 무릅쓰고 불속으로 뛰어들어 벼를 끄집어내려고 애를 썼다. 하지만 허사였고 하마터면 불이 몸에 붙을 뻔 하기도 했다. 이를 지켜보던 어머니는 땅에 주저앉으시고 말았다. 오후 서너 시쯤 다행히 불길은 거의 잦아들었다. 아버지는 불에 그슬린 벼를 끌어내어 멍석에 펼쳐 놓았다. 벼는 절반도 건지지 못했다. 색깔이 누렇게 변해 버린 벼를 보며 안타까워하시던 아버지의 모습이 아직도 잊히지 않는다.

곧이어 읍내 지서에서 왜경이 들이닥쳤고 아버지는 지서로 끌려가셨다. 방화에 대한 책임도 문제였지만, 볏가마를 뒷간에 감춰 두었다는 사실 때문에 아버지를 반역죄로 몰고 간 것이었다. 아버지는 다음 날에야 엄청난 벌금을 물고 풀려나셨다. 훨씬 뒤에 안 일이지만 일본 내무서는 아버지를 중죄인처럼 여겨 정신적으로나 육체적으로 온갖 고통을 가했다고 한다. 그리고 이듬해부터는 벼 백여 가마씩 공출하게 해 가져갔다고 한다.

그해 겨울부터 일 년 동안 우리 가족은 탄내 나는 밥을 먹어야만 했는데, 끼니때마다 나는 죄인처럼 눈치를 살펴야 했다. 그 후로는 불에 대한 두려움이 뇌리에 각인돼 쥐불놀이나 달맞이 같은 민속놀이에도 끼지 못했을 정도였다.

돌이켜 보면 나와 친구들은 엄청난 잘못을 저지른 셈이다. 그럼에도 불구하고 아버지는 나에게 원망을 하거나 야단을 치지 않으셨다. 보통 아버지들 같으면 매를 들거나 벌을 주는 것이 당연한 일이었을 텐데 어째서 그리 관대하셨을까. 나는 그때 아버지에게 불을 낸 사람은 친구 누구라고 사실을 말하지도 않았는데 말이다.

아버지가 내게 야단치지 않은 것은 아마도 불을 낸 아이가 내가 아니라는 사실을 아셨기 때문일까. 아니면 나의 잘못을 스스로 깨닫도록 기다려 주신 것일까. 아버지의 그 깊고 깊은 마음을 아직도 알 수가 없다. 아비의 마음을 아들은 평생을 가도 모른다고 했던가.

아버지는 이십여 년 전 구순이 넘어 세상을 뜨셨다. 오랜 세월이 흘렀지만 아버지의 기일이 되면 으레 그 화재 사건이 떠올라 더욱 슬프고 괴롭다. 내 어린 날에 겪었던 그 화재 사건은 가슴 깊이 새겨져 아픈 단상으로 남아 있다.

비록 자식이 잘못을 저질렀다 하더라도 아버지가 생각하는 자식이란 늘 애잔하고 안쓰럽기만 한 존재이리라. 그리하여 아버지는 그 자식의 허물을 사랑으로 묻어 버리신 것은 아니었을까. 그때 내가 아버지였다면 나는 어찌하였을까….

(2010)

아호雅號처럼 살고 싶다

우리 집 베란다에는 소나무 분재가 한 그루 있다. 소나무 옆에는 산 모양의 수석壽石이 떡 버티고 있어서 마치 고향 선산의 풍경을 연상하게 한다. 내가 소나무를 좋아하는 것을 아는 지인이 선물한 것이다. 화분 속의 소나무는 키가 두어 뼘도 채 안 되지만 그 모습은 벼랑 위에 우뚝 서 있는 낙락장송落落長松의 기상을 풍기는 것 같다.

수목과 수석을 사랑하는 우리의 선인先人들은 매화나무나 소나무, 단풍나무, 느티나무 같은 관상수들을 분재로 만들어 서재에 놓고 자연의 아름다움을 완상玩賞하기를 즐겼던 것 같다. 하지만 소나무는 산야의 자연 속에서 사시장철 푸르고 고고孤高한 자태를 자랑할 때 소나무답다고 생각한다. 나는 그런 소나무를 사랑한다. 소나무는 온갖 고난과 역경 속에서도 굴하지 않고 강인하게 살아가는 우리 민족의 높은 기상을 상징한다. 그리고 사육신인 성삼문成三問의 시조에서도 소나무가 상징하는 선비의 절개와 지조가 잘 나타나 있다.

> 봉래산 제일봉에 낙락장송 되었다가/ 백설이 만건곤滿乾坤할제/ 독야청청하리라.

이 얼마나 지고한 의지의 외침인가. 그러나 오늘에 사는 우리는 그와 같은 지조와 절개는 공염불에 불과하단 말인가. 너무나 안타까운 일이 아닌가 싶다.

소나무는 우리 삶과 문화에 깊이 뿌리를 내린 우리 영혼의 나무이다. 언제나 이 강토, 이 민족과 더불어 풍상을 겪어 온 혈육 같은 수목이다. 어쩌면 우리의 태어남과 삶과 죽음이 모두 소나무와 엮여 있는 것이 아닐까 싶기도 하다. 예전에는 아기가 태어나면 생솔가지나 숯, 고추를 금줄에 꿰어 대문에 매달아 놓곤 했다. 그런 풍습은 악귀를 쫓는 주술적呪術的인 의식과 사람들의 출입을 제한하여 산모와 아기를 보호하려는 지혜에서 비롯된 우리만의 것이다. 또 한가위가 되면 솔잎을 깔고 쪄낸 송편에서 그윽한 솔향기를 즐긴다. 또 사람이 세상을 뜨면 오동나무로 짠 관 속에 누워서 솔밭에 묻히게 되지 않던가. 요즘에는 수목 장葬을 위해서 소나무 동산을 조성하기도 한다.

나는 어쩌다가 어떤 번민이 생겨 깊은 상념에 빠질 때면 슬그머니 베란다로 나가 소나무와 대화를 통해 마음의 갈등을 풀기도 한다. 마치 신부님이 고백성사를 하는 신자에게 보속을 해 주듯 소나무는 내 안에 있는 어둠을 몰아내 주는 위로자이며 정신적인 기둥과 같은 존재라고나 할까.

지난여름, 소나무의 아름다움에 매료돼 평생을 줄기차게 사진만 찍어서 세계적인 명성을 얻은 사진작가 '배병우의 소나무 사진전'을 관람하기 위해 나는 예술의전당에 갔다. 전시관 안으로 들어서자 작가의 카메라를 통해 예술로 피어난 우리 소나무들의 장엄한 기품에 압도되어 마음이 숙연해졌다. 전시된 작품들 한가운데 걸려 있는 대작 속에 줄기가 갈라져 터진 노송이 우뚝 서 있었다. 그 껍질은 우리 어머니들이 어려운 삶을 근심과 걱정으로 살아내느라 얼굴에 가득히 생긴 주름살과도 같았다.

대학에 재직하던 때의 동료이자 시인이기도 한 Y 교수는 내가 소나무를 좋아하는 것과 또 가난하고 소외된 이들을 위한 사회사업에 참여하고 있는 것을 알고는 그에 걸맞은 뜻을 지닌 '송곡松谷'이라는 아호를 지어 주었다. 그때 나는 아호와 함께 다시 태어났음을 느꼈다. 그는 〈소나무처럼〉이라는 제목의 시詩도 한 편 곁들여 선사하는 친절을 베풀어 주었다. 그 시는 이러했다.

소나무들이 모여 사는 골짜기에는/ 어머니 가슴처럼 넉넉한 햇살이 있지/ 가난한 사람/ 외로운 사람/ 병들어 신음하는 사람/ 기대고 싶을 때면 언제나/ 조용히 찾아가는 나무가 있지/ 푸른 솔향기 묻은 나뭇가지마다/ 찬바람 천둥소리도 매섭게 묶어 놓고/ 그래도 아무 말 없이/ 제자리만 지키고 있는 나무// (중략) // 저 푸른 소나무처럼/ 보이지 않는 골짜기에서/ 그윽한 향기로 세상을 품고 있는 송곡松谷/ 당신이 있기 때문이지.

나는 송곡松谷이라는 아호가 퍽 마음에 들어서 그 후 계속 쓰고 있다. 아호와 함께 지어 준 이 시는 나를 분에 넘치게 예찬해 준 것 같아서 겸연쩍지만, 나에게 소나무처럼 강인하고 기품 있는 삶을 살라는 뜻으로 받아들이고 싶다.

(2010)

땅과 쌀은 생명줄

쌀은 우리 민족의 생명줄이며 나라의 주권이다. 그 생명줄이 여러 모로 위협받고 있다는 사실에 나는 전율戰慄하고 만다. 우리나라는 60년대에 개발과 발전을 추진하였는데, 그때 경제 관료나 학자들은 영국의 고전학파인 리카도D. Ricardo의 비교 우위론을 들고 나왔다. 즉 값 비싸고 수지 안 맞는 벼농사를 짓기보다는 농민들도 공장 노동자가 돼서 공업을 일으켜야 한다는 주장이었다. 그러니까 자원이 부족한 나라는 공업 중심 경제로 하여 공장을 세워 공산품을 만들어 팔고, 반대로 자원이 풍부한 나라는 자연자원을 팔아 세계인이 모두 싼값에 먹고 입고 쓰고 살자는 경제 논리였다. 얼핏 보기에 그럴 듯한 논리 같지만 깊이 생각해 보면 그것은 경제의 한 단면만을 본 아주 위험하고 위협적인 것이었다. 19세기 영국의 자유무역 정책 시대에서 써먹은 전통적인 낡은 이론이었다.

지금 지구상에는 237여 개국에 72억 인구가 살고 있다. 그렇지만 그들이 처한 자연환경이 다르고 역사·문화·생태학적 조건이 다르다. 중동 국가들은 땅만 파면 어디서나 석유가 쏟아지는 천혜天惠의 나라로, 앉아서 석유만 팔아도 다른 나라보다 잘살 수 있는 것처럼 생각하기 쉽다. 하지만 그 나라들은 쌀과 생활필수품을 생산하는 제조업이 없기 때문에 모든 것을 외국에서 사다 쓴다.

일본은 공산품 수출로 번 돈을 농업에 투자하고, 농민에게 쌀 생산비의 절반을 지원해 준다. 그들은 공업 체제의 기본은 농촌 지역의 인적·물적 자원의 희생이 있기에 가능하다는 것을 일찍이 깨달았다. 전후 그들은 미국에서 40억 달러의 원조와 식량을 지원받았기에 망정이지 안 그랬으면 떼죽음을 면치 못했을 정도였다. 산간을 개간하여 경작지를 넓히고 영농 환경을 개선했다. 그 결과 70년대 이후 쌀 수백만 톤의 잉여분을 가질 수 있었고, 미국 캘리포니아에 1,200만 ha의 농지를 확보했다.

예로부터 '농자천하지대본農者天下之大本'이라고 했다. 농사는 하늘 아래 사람들이 살아가는 근본이 된다는 말이다. 아버지가 가꾸고 지켜 온 땅과 쌀은 식량의 의미뿐 아니라, '내 고향 김포 쌀이 한반도에서 최초로 재배되었다'는 오천년의 역사적 상징성을 가지고 있다. 조상 대대로 살아온 김포인으로서 자긍심을 갖는다. 내 고향은 김포시의 문수산성文殊山城 끝자락에 위치한 산자수명山紫水明한 포내리 마을이다. 아버지는 고향에서 논 수만 평의 벼농사를 경작한 고향에서 알아주는 대농가의 농사꾼이며 자수성가로 우리 집안을 일으키신 분이다.

모내기하던 날, 아버지와 일꾼들은 베잠방이에 바짓가랑이를 걷어올리고 농악의 장단에 맞춰 춤을 추며 풍년을 기원했다. 해가 중천에 오르면 어머니가 논두렁에 마련한 광주리 곁에 일꾼들이 둘러앉아 김이 모락모락 나는 쌀밥과 구수한 시래기 된장국에 김치, 깍두기, 조기 등 반찬으로 점심을 드셨다. 또한 막걸리 잔이 오가면 기분이 퍽 좋아져 어쩌다 길손이 지나면, "여보쇼! 막걸리 한잔 하고 가슈!" 하고 권했다. 요즘은 영농의 기계화로 그런 광경이 사라진 지 오래다.

내가 네댓 살 때, 쌀로 인해 곤욕을 치른 적이 있다. 초겨울 동네 애들과 우리 집 쪽대문 밖에서 얘기하며 놀았다. 한 녀석이 춥다고 지푸라기에 불을 놨다. "우와!~" 이게 웬일인가. 바람이 '휙' 하며 불길이 뒷간으로 옮겨 붙어 화마를 불렀다. 아버지는 일제의 공출을 피하려고 뒷간 잿더미 속에 벼 백여 가마를 감췄는데, 불이 나는 바람에 들통이 나고 말았다. 불속에서 벼는 절반도 건지지 못했고, 그 일로 아버지는 주재소에 끌려가 가진 수모 끝에 벌금도 물었다. 이듬해부터 일제는 벼 백여 가마씩 꼬박 공출하게 하고, 벼를 한 톨도 남기지 않고 죄다 빼앗아 갔다. 그 해 우리 가족은 누렇게 탄 쌀로 지은 밥을 먹었고, 나는 죄인처럼 가족의 눈치를 보느라 마음을 졸였다. 아버지는 20여 년 전 구순이 넘어 하늘나라에 가셨지만 매년 기일이 되면 으레 그때의 화재 사건이 떠올라 코끝이 시큰해지고 가슴이 아리다.

지금 세계는 식량 전쟁이 시작되었다. 그런데 우리의 식량 자급률은 지난해에 47.2%로 OECD 국가 중 최저 수준이다. 1993년 우루과이라운드 협상 이후 20년 동안 쌀 시장 개방을 미룬 대가가 너무도 혹독하다. 이제는 더 미룰 수도 없게 됐다. 올해 '최소접근물량MMA' 쌀 소비량의 9%인 41만 톤을 의무적으로 수입해야 한다. 정부는 9월까지 쌀 시장 개방 여부를 세계무역기구WTO에 통보해야 한다. 그러므로 우리는 일본, 대만처럼 쌀 시장을 개방하는 대신 외국 쌀에 대해 관세를 부과하는 방식으로 우리 농민과 쌀 시장을 보호해야 한다. 만일 우리 땅과 쌀을 지키지 못하면 농촌은 아기들의 고고呱呱 소리가 사라지고, 인적이 없는 빈집은 잡초만 무성한 폐허로 남게 될지 모른다.

김녹촌의 〈농부〉의 시구詩句를 음미해 본다.

논밭에 심어 놓은/ 곡물들도/ 정성 들여 가꾼/ 살붙이이고// 소도 염소도 돼지도/ 모두가/ 자식처럼 사랑스런/ 한 식구인지라// (중략) // 일하다 집으로 돌아갈 때면/ 기다리는 집짐승들을 위해/ 꼴도 한 짐 베어/ 지고 가야 한다.// 조상의 피땀 어린/ 귀한 땅/ 고이 지키며/ 기름지게 가꾸느라,// 사시사철/ 흙 묻은 손발에/ 땀 마를 날 없는/ 농부 아저씨는….

고향의 젊은 영혼들이여! 부디 꿈과 희망이 이룩되도록 당당하게 도전하라! 아버지가 평생 가꾸고 지켜 온 김포의 기름진 땅과 쌀이 영원하면 얼마나 좋을까 싶다.

(2010)

결사대의 만용蠻勇

라일락 향기 그윽한 5월! 친교와 문화 탐방의 하나로 AOTCA 한국세무사연맹의 회원들과 판문점을 곁에 둔 오두산 통일전망대에 올랐다. 한강 물과 임진강 물이 만나서 자유로이 서해로 흘러만 가는데, 남과 북은 당국자가 만나 얘기라도 하자는데 어찌 그리도 어렵단 말인가. 문득 구상具常 시인의 '민족의 화해와 일치'를 위한 시구詩句가 떠오른다.

> 저들은 저들이 하고 있는 일을 모릅니다/ 이들도 이들이 하고 있는 일을 모릅니다/ 주님! 강아지 두 이레 만에 눈을 뜨듯이/ 눈을 뜨게 하소서

중학교 때였다. 6·25전쟁이 터지자 20여 명 학생이 난을 피해 고향에 돌아왔다. 우리들은 인민군 치하에서 구국의 일념으로 '학생결사대'를 만들었는데 나도 그 일원으로 동참하였다. 대장은 친형님이 맡았으며, 대원들은 똘똘 뭉쳐 앞으로 운명을 같이할 것을 굳게 다짐하였다. 모이는 장소는 우리집 사랑방으로 정하고, 며칠 동안 산으로 돌아다니며 국군이 후퇴할 때 버리고 간 총과 실탄 등을 수집해서 몰래 총기 사용법을 익혔다. 실탄은 은밀한 곳에 숨겨 두었으며, 총은 각자 소지하고 있다가 유사시에 즉각 출동할 준비를 갖추고 있었다.

그러던 어느 날 아침, 밖에서 왁자지껄 떠드는 소리에 창밖을 내다보니, 얼마 전 머슴살이를 하던 사람이 붉은 완장을 차고 일장 연설을 하고 있었다. "오늘은 읍내에서 의용군 환송 대회가 있으니 한 사람도 빠짐없이 모두 참석해야 합니다." 하는 인민위원장이라는 그의 위압적인 말에 마을 사람들은 무표정한 얼굴로 그를 따라나섰다. 나도 그들 뒤를 따랐는데 대회가 열리는 학교 운동장은 벌써 군중들로 꽉 차 있었다. 그중에는 우리 결사대원들도 더러 보였다. 단상에는 붉은 완장을 두른 사람이 의용군에 지원하자고 목청을 높이고 있었다.

그런데 이게 웬일인가, 결사대원 중 한 사람이 의용군에 지원하면서 우리 일을 내무서에 밀고한 것이다. 우리가 만든 결사대의 굳건한 계획이 하루아침에 무산될 위기에 처하게 되었다. 누군가의 귀띔으로 그 사실을 알게 된 나는 시오리 길을 단숨에 달려가 형님에게 알렸다. 그 덕분에 모든 대원들이 피신할 수 있게 된 것은 무척 다행한 일이었다. 그러나 이에 관련된 학생들을 체포하기 위해 내무서원 두 명이 마을로 출동했다. 체포 대상은 혼자 남아 있는 내가 감당해야 했다.

집으로 돌아온 지 얼마 후 내무서원이 나를 찾는다는 기별이 왔다. 운명의 시간이 닥쳐온 것인가. 나는 천장 위에 숨겨 둔 기관단총을 꺼내 들었다. 총이 무겁기도 했지만 두려움 때문에 걸음을 제대로 옮길 수가 없었다. 마음을 가다듬고 만일의 사태가 발생하면 대결할 각오로 실탄을 장전하고 집을 나섰다. 내무서원이 기다린다는 아랫마을 주막집으로 갔다. 방문 앞 봉당封堂으로 다가갔더니 내무서원은 나를 보자마자 "거기 무릎 꿇어!" 하고 호통을 쳤다. 내가 머뭇거리자 재차 "이 쌍 간나 새끼, 빨리 무릎 꿇지 못해!" 하고 큰 소리로 윽박질렀다. 가슴이 철렁했다. 내무서원은 벌써 술이 취했는지 혀 꼬부라지는 소리로 다그쳤다. "총은 왜 가지고 있었지? 누굴 죽일 작정이냐! 너희들 결사댄가 뭔가 만들었다는데, 그게 사실이냐? 주모자는 누구지? 너희들 죽고 싶으냐?" 그 말투는 매우 위협적이었다. 나는 모르는 일이라고 극구 부인했으나 전시에는 사람 목숨이 파리 목숨만도 못한 경우를 많이 봤기에 온몸에 진땀이 흐르고 몸이 부들부들 떨렸다. 이제 나는 죽는구나 생각하니 가슴이 무너지는 것 같았다.

그러는 중 얼떨결에 고개를 들어 방 안을 살펴봤다. 내무서원 두 사람이 술상 앞에 마주 앉아 있었다. 그 옆 자리에 아버지와 인민위원장, 또 다른 어른 한 분이 그들에게 술대접을 하고 있는 것이 아닌가. 눈앞에 아버지가 계시니 설마 자식이 죽게 그냥 내버려 두시겠느냐는 생각에 순간 다소 마음이 진정되었다. 꽤 오랜 시간이 흘러 오금이 저려오고 어깨가 축 처져 있는데, 아버지가 잠시 분위기를 살피더니 이런저런 변명을 하시면서 "이제 저 애 그만 보냅시다!" 하고 조심스럽게 말을 꺼냈다. 그러자 옆에 있던 다른 어른이 아버지를 거들었다. 그러자 내무서원은 좀 생각하는 듯하더니 못 이기는 척 큰 소리로 "앞으로 또 그런 짓 하면 죽는다. 알았지!" 하고 못을 박았다. 그 말이 떨어지기가 무섭게 "예!" 하고 나는 얼른 일어나 밖으로 나왔다. 이제 살았구나 하고 안도의 숨을 쉬고는 부리나케 집으로 달려갔다. 집에서 걱정하며 기다리시던 어머니가 나를 껴안고 하염없이 눈물을 흘리셨다. 나도 눈물이 비 오듯 했다. 그날, 어머니가 얼마나 마음을 졸였을까 생각하면 지금도 가슴이 아파 온다.

전쟁의 공포 속에서 어린 소년이 총을 들고 싸움을 각오했던 그 용기는 도대체 어디에서 나온 것일까. 정전 60년이 지났지만, 그때 결사대의 만용이 지금도 생생하다. 이제는 남과 북이 과거의 미움과 증오를 용서로 승화시켜 민족의 화해와 일치를 위해 평화의 길을 모색하면 어떨까 싶다.

(2013)

외도外道

금년은 나라의 운명이 좌우될 총선과 대선이 치러진다. 내가 출정하던 그날의 아픈 상처를 생각하니 감회가 남다르게 느껴진다. 오래전 총선에 도전하여 온갖 고초와 상처를 입은 경험이 있기 때문이다.

1995년 11월 9일, 김포 시민회관에서 창당 대회가 열렸다. 당원들과 친지, 그리고 육친 권속 등 이천여 명이 모여 회관 안은 사람들로 꽉 찼다. 그날 나는 지구당 위원장에 추대되었고, 야당 국회의원 후보가 된 것이다. 단상에 올라 청중들에게 '출마의 변辯'을 밝혔다. 연설이 끝나자 우레와 같은 박수와 함성이 터져 나왔다. 그리고 당원들은 "기호 2번 이택룡!" 하면서 회관이 떠나가도록 구호를 외쳐 댔다. 장내가 삽시간에 흥분 속으로 뜨겁게 달아올랐다.

드디어 당 총재黨 總裁가 도착하고 단상에는 부총재 등 당 중진 의원들이 나란히 좌정하였다. 사회자의 소개가 있자 총재의 연설이 시작됐다. 사람들은 그의 연설에 매료돼 눈시울이 뜨거워졌고, 앞자리에서 지켜보시던 아버지도 어느새 눈가에 이슬이 맺혀 있었다. 그렇게 선거 출정은 막이 올랐다. 그날은 장날이라서 총재와 함께 시장을 돌며 주민들의 민생 문제에 대해 의견을 나눴다. 선거 운동 기간이 매우 짧았지만 출발이 좋았기 때문에 모두 큰 기대와 격려를 보내왔다.

나의 정치 참여의 신념과 철학은 이 땅에 민주화를 실현하여 정치 발전을 꾀하고, 능력 있고 양심적인 사람이 대우받는 사회를 만드는 것이었다. 하지만 정치란 결코 쉽지 않은 것이 사실이다. 정치란 혼탁한 흙탕물과 같다고 누군가 말하지 않았던가. 우리나라의 정당은 이익붕당利益朋黨 정치며 국민을 외면한 정치 행태라고 해도 과언이 아니다. 때문에 유권자들은 정치 후보자들이 갖춰야 할 여러 요건 중 건전한 도덕성을 그 첫째로 꼽는다. 그리고 정치인은 박력과 지구력에다 지적 수준과 설득력은 물론 포용력과 리더십을 갖춘 사람이어야만 한다. 그러나 그런 자질을 두루 갖춘 사람은 그리 많지 않다.

선거 운동이 중반에 이르렀다. 어느 날은 결혼식이 세 군데, 초상집이 두 군데 있었다. 그해는 웬일인지 초상이 잦은 편이었다. 결혼식은 아침 11시 김포공항 근처의 예식장을 시작으로, 김포 읍내에서 12시, 강화 읍내에서 2시에 있었는데, 세 군데를 순식간에 다니며 주례를 하였다. 주례를 서면 단번에 많은 유권자를 만날 수 있어 선거 운동이 효과적이었다. 그날, 거리 유세를 끝낸 후 장미꽃을 들고 여성 유권자들이 모이는 미용실에서 사랑방 좌담회를 가졌다.

늦은 밤에는 초상집에 갔다. 칠흑漆黑 같은 밤, 비가 내려 우산과 전등을 들고 논두렁을 가자니 발이 빠지고 아랫도리가 흙투성이로 엉망진창이 되고 말았다. 드디어 상가에 당도했다. 옷은 땀과 비에 젖었고 얼굴은 빗물과 눈물이 뒤섞여 분별이 되지 않았다. 근조謹弔라고 쓴 누렇게 바랜 등이 비바람에 흔들거렸다. 마치 고인의 애처로운 죽음을 위로하듯…. 옷을 단정히 하고 빈소 앞에 서서 예를 올리니 상주와 가족들이 크게 감동을 받아 나를 얼싸안았다. 진심은 감동으로 통하는가 싶었다.

이튿날, 선거 본부를 찾은 한 선배의 충고가 생각났다. "우리 속담에 까마귀 노는 곳에 백로야 가지 마라 했거늘 어쩌자고 그 흙탕물 속에 뛰어 들었단 말인가." 했던…. 사람의 사상체질四象體質론에 의하면 까마귀는 태음인이고 백로는 태양인에 비유한다. 태음인은 간이 큰 체질을 가져 술도 잘하고 체력도 좋아서 정치인이 많다고 한다. 그러고 보면 나는 술도 잘 못하고 간도 크지 않으니 태양인으로서 백로인 셈이다. 그런 논리라면 내가 체질상 잘 맞지 않는 정치판에 뛰어든 일이 애당초 잘못된 선택인 것만 같았다.

선거 D-15에 이르러 선거 자금 통장의 잔고가 바닥이 났다. 돈 안 쓰는 선거 풍토는 없단 말인가. 마치 광활한 벌판에 홀로 뛰는 마라톤 선수처럼 외롭고 고통스러운 싸움이었다. 나는 예수님 고상 앞에 엎드려, '더 이상 버틸 힘이 없으니 당신 뜻대로 하십사….'고 기도했다. 그러다가 잠이 들었다. 그런데 별안간 전화벨 소리에 잠이 깼다. 비몽사몽에서 수화기를 잡았다. 대뜸 "후보 사퇴하시오!" 하면서 욕설과 협박을 하는 정치 깡패의 괴전화였다. 새벽 3시였다. 그래서 선거를 중도 포기할까도 생각했지만, 그것은 낙선보다도 명분이 서지 않는 일이었다. 그때 마침 아버지가 내게 "개똥밭과 다랑치 논은 네 것이니 팔아서 자금에 보태라." 하고 애절하게 말씀하셨다. 나는 울컥하며 가슴이 아렸다. 그 땅은 부모님의 피와 땀과 영혼이 깃든 귀중한 땅이었다. 쌀은 물론이고 무, 배추, 마늘, 푸성귀 등을 가꿔 자식들에게 나누어 주며 정을 나눈 땅이었다.

결국 선거는 실패로 끝이 났다. 여러 날을 그 실패에 대한 회한悔恨에서 벗어나지 못했고 실어증까지 있었다. 그날이 엊그제 같은데 벌써 십칠 년이 넘었다. 괴테는 "자신에게 결여된 것을 자식을 통해서 실현해 보고 싶은 것은 모든 아버지의 경건한 소원"이라고 말했다. 그 당시, 몹시 힘들었으나 아버지의 자식에 대한 기대와 사랑이 얼마나 컸던가를 지금에서야 비로소 깨닫고 있다.

그때 교수직을 떠나 정치판에 뛰어든 것은 외도外道였다. 내 생애에 있어 돌이킬 수 없는 오점과 뼈아픈 상처만을 남긴 사건이었다. 이제는 제발 정치는 그만두고 학자의 자리를 지키고 글을 쓰며 분수에 맞는 삶을 사는 것이 순리가 아닐까 싶다.

(2012)

제삼의 인생을 어디에서

가끔 나는 아내와 함께 장을 보러 간다. 오늘은 시간도 있고 하여 아내를 따라 장을 보러 가기로 했다. 지하 일층 식품 매장에 들어서니 여느 때와는 달리 추석 명절을 준비하는 사람들로 꽉 찼다.

오늘은 모처럼 만에 집에서 애들과 불고기 파티라도 할 양으로 한우 고기를 넉넉하게 사고는, 상추와 쑥갓 같은 채소와 과일들을 장바구니에 담았다. 금년 들어 물가는 천정부지로 뛰어올라 주부들의 마음을 우울하게 한다. 그래도 채소만큼은 값이 비싸더라도 가족의 건강을 위해 농약을 쓰지 않은 유기농 채소를 꼭 산다.

아내는 사 온 찬거리로 둘째 딸과 주방에서 저녁 식사를 준비했다. 무로 채를 썰고, 고기를 다지고, 야채를 볶고…. 나는 서재에서 큰딸과 차 한 잔을 들며 세상 돌아가는 얘기를 하였다.

어느새 식탁은 김이 모락모락 나는 뽀얀 햅쌀밥과 불고기에 상추쌈, 그리고 여러 가지 요리로 그득하여 입맛이 당기게 했다. 온 가족이 모여 식사를 하면서 이런저런 얘기 끝에 채소의 잔류 농약 얘기가 나왔다. 외식할 때마다 이 채소는 잘 씻었을까 하고 의심을 하다 보니 노이로제에 걸릴 지경이었다. "오늘, 상추쌈 맛이 어땠어요?" 하고 옆에 있던 큰딸아이가 말을 꺼냈다. 그리고는 얼마 전에 어느 방송의 소비자 고발 프로를 봤는데, 채소류는 온통 농약으로 목욕을 시킨 것과 다름없다고 하면서 가정에서는 다소 부담이 되더라도 유기농으로 재배한 것을 사야 한다고 강조했다. 요즘 외식 문화가 일반화되었다. 그런데도 안심하고 먹을 수 있는 식당이 많지 않은 것 같아 안타깝다.

언젠가 TV에서 '눈물짓는 한 양봉업자'의 얘기를 소개한 적이 있다. 이웃 농가에서 농약을 마구잡이로 써서 꿀 농사를 망쳐 결국 생계마저 잃게 되었다는 사연이었다. 이는 양봉업자 한 사람의 슬픔으로 그치는 것이 아니라, 꽃가루를 옮겨 주는 벌들이 몰살당해 꽃이 수정될 수 없게 된 사실이 더 큰 문제라는 것이었다.

"세상에~, 어쩜 저럴 수가 있을까!" 하며 함께 TV를 보던 아내가 안타까운 표정을 지었다. 해충을 없애 인간을 보호한다는 농약이 오히려 인간을 병들게 하고 있으니 참으로 기가 막힐 일이 아닌가. 농약의 폐해는 물의 오염, 토양의 황폐화를 가져올 뿐 아니라 자연의 생태계를 파괴시켜 궁극에는 인간의 생명마저 위협하게 될 것이다.

추석이 가까워지고 있다. 나는 한가위가 되면 성묘하러 고향에 들른다. 젊은 시절에는 친구들과 바짓가랑이를 걷어올리고 논바닥을 뒤졌다. 농약을 사용하지 않은 논에는 게나 붕어, 미꾸라지 들이 살았고, 그것들을 잡는 재미가 꽤 쏠쏠했다. 친구들은 게를 잡은 손을 쳐들어 보이며, "나도 잡았다!" 하고 소리 지르며 좋아했다.

그 광경은 정말 잊을 수 없는 추억이다. 양은솥에 물고기를 담고 감자와 풋고추와 파를 숭숭 썰어 넣고 고추장을 듬뿍 풀어 매운탕을 끓이면 그 맛이 정말로 일품이었다. 여럿이 논두렁에 둘러앉아 술잔을 곁들이며 오순도순 얘기를 하다 보면 시간 가는 줄 몰랐다. 그런 낭만은 이제 어디에서도 찾을 수 없을 것만 같다.

옛날의 그 고향으로 돌아가고 싶다. 개울의 맑은 물에는 고기가 뛰놀고 길섶에는 가냘픈 야생화가 길손을 반기며, 온갖 나비와 잠자리들이 어지러이 날아다니던 곳. 그러나 지금은 그곳에도 우리 농촌이 공통으로 안고 있는 농약의 폐해를 고스란히 지니고 있을 터이니 답답하기만 하다.

교직을 떠난 나는 농촌에서 유기 농법으로 농사를 짓고 글도 쓰고 자연과 벗하며 조용히 제삼의 인생을 살고 싶다. 그런데 그런 삶의 보금자리를 찾는 것이 쉽지 않을 것 같아 그것이 안타깝고 서글프다.

(2010)

태산같이 큰 사람을

지난해 봄이었다. 어디론가 훌쩍 떠나고 싶은 충동에 꼭 한번 가고 싶었던 중국의 태산이 생각났다. 그럴 때 마침 중국 청도에서 제조업을 하는 인목회仁睦會 회원인 최흥룡 사장이 초청을 하여 7명의 회원이 태산에 오르게 되었다. 유유상종類類相從이라 황혼길에 접어든 친구들끼리였으니 감회가 퍽 깊은 여정이었다.

태산泰山! 중국 오악五嶽 중에서 첫째로 꼽히는 산이다. 높이가 1,545미터, 총면적이 426평방킬로미터로 중국 산동성의 동부, 제남, 태안 등에 걸쳐 자리 잡고 있다. 태산은 중국인에게 영혼이 깃든 우상 같은 존재다. 기원 전 221년 진시황秦始皇이 중국을 통일한 후 정상인 옥황정玉皇頂에서 봉선의식封禪儀式을 올린 것을 시작으로, 한무제, 현종 등 12명의 황제가 제祭를 올렸던 곳이기도 하다. 그리고 공자孔子와 두보杜甫도 태산을 신성시하며 산에 올랐다. 요즘은 서양 대통령들과 한국의 정치한다는 사람들조차 선거 전에 기氣를 받기 위해 오른다고 안내원은 말했다. 사람들이 태산, 태산 해서 그리도 큰 산인가 했다. 막상 올라보니 산 높이나 몸집이 지리산과 비슷했다. 자연경관이 마치 살아 숨 쉬는 것처럼 느껴졌다.

우리 일행은 산 아래에서 셔틀버스로 중천문中天門으로 가 그곳에서 케이블카를 갈아타고 남천문南天門에 당도했다. 산의 절반 이상을 오른 셈이었다. 그곳에서 잠시 음료수로 갈증을 해결하고, 천가天街라고 하는 우뚝 선 돌문에 들어섰다. 이름에 걸맞게 정상을 향해 나 있는 길은 내가 마치 하늘로 올라가는 듯한 기분이 들게 했다. 거기서부터 7,412개의 돌계단을 올라가면 정상이었다. 거의 수직에 가까운 계단을 오르기 시작했다. 한참을 올라 중간쯤에 이르러 아래를 내려다보니 그 장엄한 계곡과 병풍처럼 늘어선 바위의 자태는 그야말로 장관이었다. 그런데 이 돌계단을 쌓느라 삼천여 명이 동원됐다는데 얼마나 많은 사람들이 희생됐을까 생각하니 마음이 아팠다. 암벽에는 역대 제왕과 정치인, 그리고 시인들이 쓴 오악독존五嶽獨尊, 등태관해登泰觀海 등과 같은 경문과 시구詩句를 온통 붉은 글씨로 새겨 놓았다. 유명 인사들의 글씨와 이름도 기념이 될지는 모르겠으나 자연경관 그대로가 더 좋지 않았을까 싶었다. 태산은 많은 사찰과 정자, 그리고 곳곳에 솟아 있는 비석들로 이루어져 문화유산이 그득했다. 그런가 하면 도처에서 모여든 중국인들이 절 앞에서 향불을 피우며 연방 절하는 모습들이 보였다. 그들은 무엇을 그리도 간절하게 바라는 것일까. 향을 피우는 것은 악귀를 쫓고 무운을 빌어 신명과 통하려는 주술적呪術的인 그들만의 풍습일 것이다.

이처럼 태산의 자연경관은 마치 살아 있는 역사박물관을 연상케 하여 넋을 잃고 말았다. 그런데 돌계단을 한참 올라왔을 때였다. 갑자기 숨이 가쁘고 피로가 엄습해 왔다. 정상을 눈앞에 두고 계단 옆 평평한 바위에 주저앉고 말았다. 산을 타는 즐거움은 정상에 올라야만 되는 게 아니라 과정에 있다고 누군가 말했던가, 나는 바위에 누운 채로 한참 동안 하늘을 보며 명상에 잠겼다. 산은 움직이지 않는데 흰 구름이 태산을 그리워해서인지 스스로 오락가락하는 것 같았다.

그때 문득 조선 전기의 문인이며 서예가였던 양사언楊士彦의 시구가 떠올랐다. "태산이 높다 하되 하늘 아래 뫼이로다/ 오르고 또 오르면 못 오를 리 없건마는 …." 이 얼마나 우리의 삶에 용기와 희망을 준 외침인가. 수많은 세월 동안 우리 곁에서 영혼의 양식과도 같이 존재하고 있지 아니한가. 이 시는 양사언이 처절하게 살다 간 어머니를 그리는 마음에서 읊은 시라고도 한다.

그날 나는 진시황이 산을 오르던 중 비를 만났을 때 커다란 소나무 밑에서 비를 피했는데, 그것이 고마워 그 소나무에게 '오대부'라는 벼슬을 내렸다고 하는 그 오대부송五大夫松을 만났다. 그리고 공자가 조국 노魯나라를 바라봤다는 첨노대瞻魯臺, 거기서 천하가 작은 것을 알았다고 한 그의 말을 상기하기도 했다.

중국의 시성 두보杜甫가 〈태산을 바라보며望嶽〉라는 제목으로 읊은 시를 여기서 음미해 본다.

岱宗夫如何 대종부여하　태산의 모습 어떠한가

齊魯靑未了 제노청미료　제나라에서 노나라까지 푸르름 끝없어라

造化鍾神秀 조화종신수　하늘은 이곳에 온갖 신비함을 모았고

決眥入歸鳥 결자입귀조　돌아가는 새들 보며 두 눈을 부릅뜨네

會當凌絕頂 회당능절정　언젠가 반드시 저 꼭대기에 올라

一覽衆山小 일람중산소　소소한 뭇산을 한번 굽어보리라

두보의 이 시는 호쾌하고 웅대한 포부를 드러낸 표현이다. 사실 그분들이 가신 지 수세기가 되었어도 자연 유산에 남긴 생생한 발자취를 엿볼 수 있어 태산에 오른 보람이 있었다.

아쉬움을 남기고 태산을 내려왔다. 산은 오를 때보다 내리막길이 더욱 위험하다. 인생도 오르막이 있으면 내리막이 있게 마련이다. 거기에서 수다한 삶의 가치를 터득하게 되는 게 아닌가 싶다.

부푼 마음을 달랠 생각에서 떠났던 여행길이었지만 여전히 허전함을 안고 돌아왔다. 인간의 욕구는 정상에 올라도 그 너머의 또 다른 것을 추구하려는 욕구가 있다는 사실을 떨칠 수가 없었다. 레오나르도 보프 신부는 그의 저서 ≪성사란 무엇인가≫에서 "산은 마치 하느님 같다."고 했다. 산은 자신이 웅대함을 뽐내지도 않고, 사람들이 타고 올라가도 끄떡도 않고 온갖 것을 견뎌 낸다. 산은 많은 것을 줄 뿐이다. 산은 큰 사람이고 말없는 스승이다.

금년은 나라의 운명이 좌우될 국회의원과 대통령 선거가 치러진다. 국민을 주인으로 모시는 사람, 태산같이 크고 넓고 의연한 큰 사람을 선택할 수 있는 예리한 눈초리를 기대해 본다.

(2012)

Chapter 2

레드우드와 만나던 그날

100세 시대와 치매

청백리淸白吏가 그립다

부패 문화의 척결

레드우드와 만나던 그날

압록강단교鴨綠江斷橋

과거를 잊는 민족에게 미래는 없다

괴테 하우스Goethe-Haus

하롱베이Halong Bay

오클랜드 양로원에 도착한 그날은 토요일이라서 노부부들이 무도회장에 가느라 정장 차림에다 외모에 꽤 신경을 쓴 것 같았다. 두 손을 꼭 잡고 다정하게 얘기하며 차에 오르는 모습은 여기야말로 노인들의 천국이 아닐까 하는 생각이 들게 했다. 우리는 호수 근처의 한국인이 운영하고 있는 일급 호텔에서 여장을 풀었다.

100세 시대와 치매

수명 100세 시대가 멀지 않은 것 같다. 인간의 최대 수명이 150세까지 가능하다는 주장도 있다. 오래 산다는 것이 과연 축복일까, 재앙일까. 고려대 박유성 교수 외 연구팀은 우리나라 40대 남성이 100세까지 생존할 가능성은 47%, 여성은 48%가 된다는 연구 결과를 발표했다. 평균 수명이 100살까지 간다면 노인 인구의 50% 이상이 치매에 걸린다는 전문가의 예측도 있다. 만일 이런 세상이 도래한다면 우리의 삶은 어떻게 될까.

2013년 5월 현재 우리나라 총인구는 51,034,494명으로 65세 이상 노인 인구가 5,742,000명(총인구의 12.2%)이다. 그리고 100세 이상 노인도 13,179명이나 된다. 그러나 전체 노인 인구 중 9.1%인 522,000명이 치매 환자이고 그중 요양보험을 적용받지 못하는 미보호자도 29만 명이 된다고 하니, 이는 사회 안전망이 허술한 데서 온 문제점이라 할 수 있다. 그리고 2025년에는 100만 명으로 늘어나고, 2050년에 가면 전체 노인 인구 16,156,000명 가운데 212만 명의 치매 노인이 예상되고 있다. 보건복지부에서 올해 치매 관리법 시행으로 치매 관리의 법적 기틀을 마련하여 체계적이고 효율적인 인프라가 구축될 것이라고 하니 기대해 볼 일이다. 하지만 국립중앙치매센터에 의하면 치매 환자의 사회적 비용이 연간 10조3000억 원에 이른다고 하는데 총인구의 20%가 넘는 초 고령화 사회가 되면 사회적 비용이 크게 증가될 것은 불을 보듯 뻔하다.

얼마 전 미국은 치매 관련 사회적 비용이 연간 200조 원에 이른다고 했다. 이는 국가 재정에도 위협이 되고 있어 오바마 대통령은 '치매와의 전쟁'을 선포하였다. 그리고 세계 최장수국인 일본의 경우, 현재 총인구 1억2,665만 명 중 65세 이상 노인 인구는 3,186만 명(총인구의 25%)이다. 100세 이상 노인도 5만 4,397명이나 된다. 일본 후생성에 의하면 올해 일본의 치매 환자는 약 305만 명으로 2017년에는 373만 명, 2020년에 가면 400만 명에 육박할 것으로 전망되고 있다. 따라서 일본은 이러한 심각한 문제를 해결하기 위해 2005년부터 '치매 환자認

知症와 가족을 돌보는 봉사자(서포터) 100만 명 확보' 를 시작하였다. 그리고 치매 관리에 대한 정책으로 바른 지식의 보급과 의식 계발을 비롯해서 치매를 조기 진단할 수 있는 병·의원 173곳을 확보하였고, 500곳을 늘리는 5개년 계획을 세웠다. 미국, 일본, 스웨덴 등 전 세계적으로 치매인구가 약 3,560만 명으로 추산되고 있다. 고령화 사회로 치닫는 세계 각국의 발등의 불이 치매현상이다.

그렇다면 치매dementia, 痴呆의 발생 원인은 무엇일까. 치매는 뇌 위축, 뇌혈관 장애, 뇌의 염증성 질환, 뇌의 퇴행성 질환, 뇌 종양, 뇌 외상, 뇌 중독 등으로 뇌의 고위 피질에 변성이 일어나서 지능 결함이 생기는 것이 원인이다.

최근에는 첨단 디지털 기기가 현대인 생활 전반을 지배하면서 '디지털 치매' 가 늘고 있다고 한다. 독일의 뇌 과학자 만프레드 슈피처 박사는 "길 찾기는 내비게이션이, 연락처 암기는 휴대전화가 대신해 주는 요즘 환경이 정신 활동을 이용하고 제어하는 능력을 퇴보시킨다."고 지적하고 있다. 즉 운동을 하지 않으면 근육 량이 줄어드는 것처럼 뇌도 쓰지 않으면 기억·인지 기능이 떨어지는 것과 같은 이치다.

세계 최고의 치매 관리국으로 꼽히는 나라가 있다. 바로 왕비가 직접 예방을 위해 발 벗고 나선 스웨덴이다. 스웨덴의 실비아 왕비는 1996년 왕립치매지원센터를 설립하고 체계적인 치매 관리 시스템을 만들어 '치매와의 전쟁'을 벌였다. 카롤린스카 의대에서 치매 전문의와 간호사를 양성, 배출할 뿐 아니라 치매와 관련하여 매년 일만 명의 일반 인력을 교육시키고 있다.

치매 종류는 100가지가 넘는다. 그중에서 알츠하이머병과 혈관성 치매가 전체 치매의 80~90%를 차지한다. 치매는 아직까지 치료법이 없어 암보다 무섭고 두려운 대상이다. 더욱이 앞으로 고령화 사회에서 개인적으로나 국가적으로 그 심각성이 매우 크다.

그러나 최근 치매 치료가 가능하다는 기적이 일어났다. 그 주인공은 세계 최초로 치매를 치료하는 신물질과 치료법을 개발한 우리나라의 미래의료재단 이사장 이행우 박사이다. 그는 "해조류에서 치매 효과가 탁월한 천연 물질을 추출했다."며 오는 9월 치매 CNS센터를 개원한다. 신물질의 FDA 신약 개발은 미국 알츠하이머Alzheimer 질환 학계를 대표하는 STANFORD, USC, UCLA 대학 교수들의 임상 연구팀이 주도하였다. 이 신약은 올해 공식 시판될 예정이다.

이제 치매는 불치병이 아니게 됐다. 뇌세포를 보호하고 뇌세포의 신경전달 물질을 활성화시켜 치매 증상을 개선, 85% 완치율을 보인 임상 결과로 치매 치료의 길이 열린 것이다. 신물질에 대한 새로운 원천 기술은 세계 의학계와 의약업계에 엄청난 반향을 일으키고 있다. 이행우 박사는 노벨상 추천 대상이 아닌가 생각되며 그분에게 찬사와 경의를 표한다.

치료제의 등장이 희소식이기는 하지만 100세 시대를 맞아 무엇보다 국민 자신이 치매에 걸리지 않도록 예방을 위해 노력해야 한다. 치매 예방과 장수에도 도움이 되는 방법이 있다. 운동을 해서 근육을 키우는 것처럼 뇌를 운동시키는 방법이다. 일본 게이오대학의 100세인 노부요시 히로세 박사는 조식 때 1,200회, 중식에 1,000회, 석식에 1,600회를 씹으라고 권한다. 음식을 많이 씹으면 소화도 잘되고 턱을 많이 움직여서 뇌에 자극을 주어 뇌 운동이 되기 때문이다. 또한 인도산 매운 카레를 많이 먹으라. 카레를 늘 먹는 인도인들은 치매 환자가 없다고 한다. 그 외 소리 내어 글 읽기, 쓰기, 숫자 암기하기 등을 권하고 싶다. 제발 스마트폰에만 의존하는 삶에서 벗어나 두뇌를 쓰도록 하면 어떨까 싶다.

(2015)

청백리淸白吏가 그립다

봄의 소리가 들리는 아침, 문화 탐방과 친교의 일환으로 AOTCA 한국세무사연맹 회원들과 함께 모처럼 파주의 자운서원紫雲書院에 다녀왔다. 그곳은 율곡栗谷(1536~1584) 선생과 신사임당이 묻힌 곳으로, 묘 앞에서 참배를 했다. 마음이 숙연해졌다. 율곡 선생은 조선의 선조 임금에게 십만 양병설養兵說을 주장한 것으로 유명하다. 만일 그분의 주장이 받아들여졌더라면 일본이 침략한 임진왜란과 같은 치욕의 역사는 없지 않았을까 싶다. 또한 율곡 선생은 황희 정승, 맹사성과 함께 세 청백리로 잘 알려져 있다. 그분이 운명할 때 이조판서이면서도 집에는 한 섬의 곡식이 없을 정도로 청렴한 삶을 살았다. 율곡 이이가 여덟

살 때 지은 〈화석정花石亭〉이란 제목의 오언율시五言律詩다. 역시 그분은 재동이었다.

林亭秋已晩 騷客意無窮 임정추이만 소객의무궁

遠水連天碧 霜楓向日紅 원수연천벽 상풍향일홍

山吐孤輪月 江含萬里風 산토고륜월 강함만리풍

塞鴻何處去 聲斷暮雲中 새홍하처거 성단모운중

숲 속 정자엔 이미 가을이 깊었고, 외로운 나그네의 생각은 끝이 없네/ 멀리 흐르는 물은 하늘에 닿은 듯 푸르고, 서리 맞은 단풍은 햇빛을 받아 붉었네./ 산 위엔 외로운 둥근 달이 떠오르고, 강물에 실려 오는 만리 밖의 바람이여!/ 변방의 기러기는 또 어디로 가는가, 울음소리 석양의 구름 속에 끊어지네.

그러고 보면 율곡 선생은 어린 시절부터 조숙하고 의젓한 재동이었음을 알 수 있다. 지금 우리가 사는 세상은 어찌 한 치 앞도 못 보는 부도덕한 물질만능주의에 빠져 교육의 목표는 온통 돈, 권력, 명예만을 지향하고 있는지 한심하기 짝이 없다. 그렇다고 우리는 행복한 삶을 살고 있는가.

2015년, 유엔이 157개국을 대상으로 조사한 행복지수를 평가했다. 1위는 덴마크이며, 2~10위는 스위스, 아이슬란드, 노르웨이, 핀란드, 캐나다, 네덜란드, 뉴질랜드, 호주, 스웨덴 순이며, 미국이 13위이다. 아시아권에서는 싱가포르가 22위로 다소 양호하며, 일본이 53위, 한국은 57위로 낮다. 이와 같이 행복지수와 부패인식지수의 순위가 아이러니하게도 비슷한 수준이다.

한국 국민권익위원회는 지난해 총 627군데의 공공 기관을 대상으로 한 청렴도 평가에서 유독 권력형 기관들의 부패가 심하다고 했다. 수사와 단속 규제 기관인 검찰과 경찰이 5등급에 속하고, 국세청이 4등급, 금감원도 금융 공직 기관 단체에서 5등급으로 꼴찌다. 이처럼 공공 기관이 청렴하지 못하다는 것은 그만큼 공공 업무를 공정하게 처리하지 않았다는 것을 뜻한다. 그리고 지자제 민선 1~4기까지 공무원의 직무와 관련된 범죄는 무려 36,210건에 달하며 범죄 유형별로 보면 뇌물 관련 범죄인 수뢰가 61.9%로 가장 많고, 직무 유기 23.7%, 직권 남용이 14.3%이다. 또한 비리 종류별로는 계약 비리가 29.9%이고, 인허가 20.6%, 인사 13.2%, 공사 10.1%, 보조금 7.6%, 국·공유 재산 비리 1.8% 순이다. 이렇듯 정부의 각종 인허가에 담당 공무원의 부정부패가 근간을 이뤘다.

독일 베를린에 본부를 둔 국제투명성기구TI는 2015년 세계 167개국의 부패인식지수CPI를 발표했다. 그 가운데 91점의 높은 점수를 얻은 덴마크가 1위를 차지했고, 2위는 핀란드(90점)이고, 스웨덴 3위(89점)에 이어 뉴질랜드 4위(88점), 네덜란드와 노르웨이가 각각 5위(87점), 스위스 7위(86점), 8위(85점)에 싱가포르, 독일 10위(81점)이다. 이들 국가들은 높은 투명성과 공정한 사회, 건강한 거버넌스의 특성을 띠고 있다. 미국이 16위(76점)이고, 일본은 18위(75점)로 홍콩과 같다. 대만 30위(62점), 한국은 37위(56점)로 지난 10여 년간 계속 40위를 맴돌고 있다. 그리고 중국은 83위(37점)의 부패한 나라로 평가됐고, 러시아도 119위(29점)로 불량하다. 2012부터 계속 CPI 평가에 포함된 북한은 아프가니스탄과 해적질해 먹고 사는 소말리아와 함께 167위(8점)로 매우 부패한 꼴찌의 나라다. 위겟 라벨르 국제투명성기구 회장은 이들 하위 국가의 책임은 "정부가 모든 공적인 의사 결정을 내릴 때 반부패 활동을 함께 해야 하며 로비와 정치자금에 대한 효과적인 규제는 물론 공공 지출과 계약 체결에 있어 더욱 투명해야 하고, 공공 기관이 사람들에게 책임성 있게 할 것을 우선순위로 둬야 한다."고 권고했다.

부정부패는 공직과 관련하여 '사익을 위해 공익을 침해하는 일탈 행위deviant behavior'라고 정의할 수 있다. 부패 문화는 관료, 정치인, 기업인 등이 시민과의 상호 관계에 의해 발생된다. 그래서 부패 현상의 역기능에 대해 베이레D. H. Bayley는 〈발전하는 국가〉라는 글에서 정부의 신뢰성과 권위를 추락시킬 뿐 아니라 국민의 불신을 유발시켜 정권의 몰락을 초래하게 한다고 했다. 우리나라 부패 문화의 역기능은 역대 정권이 대부분 몰락하거나 시달려 왔음을 기억한다. 그러므로 반부패 정책의 성공적 발전은 역대 정권이 비리 예방을 위한 내부 고발 시스템의 활성화와 원스트라이크 아웃제, 비리 단체장 보궐 선거비의 구상권 행사, 비리 상급자 연대 책임제, 공무원 연금법과 퇴직금 중지 대상의 확대, 공직자 금품 수뢰액 회수의 의무화 제도가 운영되고 있었지만 큰 실효를 거두지 못했다. 따라서 박근혜 새 정부는 정치적 의지와 리더십을 발휘하여 공직자의 권위와 신뢰를 회복시킴은 물론, 국민이 믿고 따를 수 있는 정부가 되도록 이번만큼은 부패 문화를 반드시 척결해야 할 것이다.

부패한 국가는 망한다는 것을 인류 역사에서 보았다. 로마제국의 멸망과 18C 말 프랑스 혁명이 그랬다. 인도의 성자 간디는 그의 묘비에 나라가 망할 때 일곱 가지 원칙이 있다고 했다. (1) 원칙 없는 정치, (2) 노동 없는 부富, (3) 양심 없는 쾌락, (4) 인격 없는 교육, (5) 도덕 없는 상업, (6) 인간성 없는 과학, (7) 희생 없는 종교. 과연 우리나라는 어떠한가. 우리 선인들의 '참 청백리의 상'을 그리워하며 이 글을 갈무리하고자 한다.

조선시대의 실학자인 다산 정약용丁若鏞 선생이 귀양살이 중에

저술한 ≪목민심서牧民心書≫(1818)는 공직자의 청렴과 사명감, 그리고 지도자가 무능하고 부패하면 어떤 결과가 오는지 엄중한 경고를 하고 있다. 다산 선생은 유배의 고통 속에서도 백성을 사랑하는 마음이 위정자의 본질임을 잃지 않았고, 600여 권의 엄청난 저서를 통해 백성의 근본이 되는 실사구시의 사상적 유산을 남겼다. 그분의 그 고귀한 사상과 명석함은 참으로 조선인의 자랑이 아닌가 싶다. ≪목민심서≫의 '율기육조律己六條' 편에 청렴이란 관리들의 본무요, 선행의 원천이라고 했다. 따라서 청빈, 검소함은 목민관이 지녀야 할 가장 기본적인 덕목으로 삼아야 한다고 했다. 첫째, 바른 몸가짐, 둘째, 청렴한 마음, 셋째, 집안을 다스림, 넷째, 청탁을 물리침, 다섯째, 씀씀이를 절약함, 여섯째, 베풀기를 좋아함. 이 여섯 가지 덕목은 대민 업무 담당 지방관이 더욱 그래야 한다고 했다. 하지만 우리 사회는 자고 나면 뇌물로 얼룩진 이야기로 지면을 꽉 채운다. 특히 정권이 바뀔 때마다 왜 부패한 관리들이 드러나는지 참으로 통탄할 일이 아닐 수 없다.

베트남 지도자 호치민(1890~1969)은 ≪목민심서≫를 애독하고 공무원의 지침서로 채택함으로써 머리와 가슴을 움직였던 것이다. 그가 사망할 당시 그의 머리맡에는 생전에 애독했던 ≪목민심서≫가 있었다고 하니 다산 선생의 ≪목민심서≫는 공직자의 바이블 같은 존귀한 존재다.

그리고 중국 명나라 양진이 형주자사로 있을 때 왕밀이 창읍의 수령을 제수 받아 밤에 금 열 근을 품고 와 내어 놓으면서 "어두운 밤이라 아무도 모릅니다."라고 말하니, 양진이 "하늘이 알고 신이 알고, 내가 알고 그대가 아는데, 어찌 아무도 모른다고 하오."라고 대답하자, 왕밀이 부끄러이 여기고 물러갔다고 한다. 뇌물을 주고받는 행위를 어느 누가 비밀스럽게 하지 않을까마는 한밤중에 주고받는 행위라도 아침만 되면 벌써 소문이 쫙 퍼지게 마련임을 어찌 모를까.

얼마 전 우리 고위 공직자들의 재산을 지상에 공개한 적이 있다. 그들의 재산이 수십억 원이라면 누가 청렴함을 믿을 것이며, 어찌 그들이 국민을 위해 일한다고 할 수 있을까 싶다. 참 청백리의 상像이 그리워지는 것은 무슨 연유일까.

(2015)

부패 문화의 척결

퇴계 선생이 서울에 살고 있을 때였다. 이웃집 밤나무 가지가 울타리 너머로 뻗어서 가을이 되면 알밤이 선생 댁 마당으로 떨어졌다. 선생은 집 아이들이 그것을 주워서 먹을까 걱정이 되어 손수 알밤을 주워 이웃집 울타리 안으로 던졌다고 한다. 옛 조선조의 청백리淸白吏는 자신은 물론 가내까지 청빈해야 했다. 세종 때의 황희 · 맹사성 · 유성룡 등은 청빈한 재상으로 잘 알려져 있다. 유성룡이 세상을 뜰 때 집에 남은 재산이 없어 아이들이 추위와 굶주림에 시달려 살아갈 수 없을 정도였다고 한다. 이처럼 우리의 선조들은 공직자로서 청빈한 삶을 살았다고 전해진다.

몇 년 전 서울에서 G20정상회의가 열렸다. 우리나라는 의장국으로서 그 위상이 자랑스럽기도 하지만 우리의 부패 수준을 생각하면 부끄럽기 짝이 없는 일이었다.

2015년 독일 베를린에 본부를 둔 국제투명성기구TI는 세계 167개국의 '부패인식지수CPI'를 발표했다. 그 가운데 91점의 높은 점수를 얻은 덴마크가 1위를 차지했고, 핀란드 2위(90점), 3위는 스웨덴(89점), 뉴질랜드(88점)가 4위이고, 5위는 네덜란드(87점)이며, 8위는 아시아권의 싱가포르(85점)이며, 미국 16위(76점), 일본 18위(75점), 대만이 30위(62점)이며 한국은 37위(56점)로 지난 몇 년 동안 향상되지 않고 있다. 중국은 83위(37점), 러시아는 119위(29점)로 여전히 부패한 나라로 평가됐다. 북한은 해적질해 먹고 사는 소말리아와 함께 전체 167개 평가 대상국 중 167위(8점)로 매우 부패한 꼴찌의 나라로 평가되고 있다.

국제투명성기구의 위겟 라베르 회장은 이들 하위 국가는 부족한 리더십과 비효율적인 공공 기관이 부패 방지에 대한 더 강력한 태도를 가질 필요가 있다고 했다. 정부가 모든 공적인 의사 결정을 내릴 때 반부패 활동을 함께 해야 하며, 로비와 정치자금에 대한 효과적인 규제는 물론 공공비 지출과 계약 체결에 있어 더욱 투명해야 한다. 또한 공공 기관이 사람들에게 책임성 있게 할 것을 우선순위로 둬야 한다고 했다.

부패란 관료, 정치인, 기업인 등이 시민과의 상호 작용에 의해 발생된다. 그렇다면 이처럼 부패가 발생하는 원인은 무엇일까 생각해 본다.

첫째로, 자본주의 성장 과정에서 발생한 부산물인 동시에 과다 자본주의와 과소 자본주의 원인에서 나타난 산물이라 한다. 둘째로, 정부, 공직자와 고객인 시민의 삼각관계에서 부패 구조의 메커니즘과 가치관의 부재, 도덕의식이 낮은 데서 온 결과이다. 셋째로, 체제나 제도의 미비로 인해 부패를 통제하지 못하는 데서 온다는 것이다. 넷째로, 불건전한 사회구조와 극도로 이기적인 탐욕의 문화에서 유발된다.

지난해 지방자치 문화의 미성숙과 권력 남용 등 각종 비리로 많은 지자체장이 물러났다. 우리 사회는 우리 고유의 전통적 가치관의 파괴, 부정부패의 혼재, 이념적 갈등, 그리고 도덕적 타락과 사회의 아미노적 병폐 등이 사회 윤리의 정신적 지표를 마비시킨다고 해도 과언이 아니다. 이는 사회 통합의 저해 요인이 되기도 한다.

우리나라의 부패 문화의 척결을 위해서는 싱가포르의 경우처럼 공직자가 시민으로부터 뇌물을 받거나 공금을 횡령하면 형량을 무겁게 해야 한다. 그리고 부패 적발을 철저하게 함으로써 처벌 확률을 높여야 한다. 또한 부정 부패를 예방하기 위해서는 프랑스가 실시하고 있는 각 행정 부처 장관의 최종 결재 전에 독립된 소수 전문가가 사전 감사를 실시, 운영하는 방안도 검토해 볼 만한 제도이다. 그리고 행정개혁과 윤리 교육에 의한 의식 개혁으로 부패 심리를 예방하도록 하며, 또한 부패 문화의 서식처인 조직 문화의 개혁은 물론 국민 모두가 감시자로서 뇌물을 받는 범법자를 발견하면 즉시 고발하는 시민 의식을 발휘하도록 하는 운영 시스템이 필요하다고 생각된다.

결론적으로 우리는 지금 경제적 선진화의 문턱에 와 있다. 하지만 정신적인 사고는 온통 물질만능주의에 빠져 돈이면 다인 것처럼 방황하고 있다. 일찍이 인도의 시성 타고르는 우리 민족을 '동방예의지국'이라고 극찬한 바 있다. 오늘에 사는 우리들은 젊은 영혼들에게 어떤 정신적 유업을 남길 수 있단 말인가. 선인들의 청빈을 본받아야 할 것이다.

(2015)

레드우드와 만나던 그날

오래전 대학에 있을 때였다. 나는 해외 연수 프로그램의 일환으로 학생 100여 명을 인솔하고 뉴질랜드에 간 적이 있다. 뉴질랜드는 자연경관이 아름답고 부패 없기로 세계 제일의 나라로 손꼽힌다. 오클랜드 양로원에 도착한 그날은 토요일이라서 노부부들이 무도회장에 가느라 정장 차림에다 외모에 꽤 신경을 쓴 것 같았다. 두 손을 꼭 잡고 다정하게 얘기하며 차에 오르는 모습은 여기야말로 노인들의 천국이 아닐까 하는 생각이 들게 했다. 우리는 호수 근처의 한국인이 운영하고 있는 일급 호텔에서 여장을 풀었다.

이튿날은 주일이라서 이른 아침 로토루아의 넓디넓은 호숫가로 나갔다. 적도의 나라 뉴질랜드의 7월은 겨울이 문턱에 와 있었다. 간밤에 비를 맞은 금잔디가 햇살에 반짝반짝 손짓하며 우리를 반겼다. 아름드리나무들이 병풍을 친 듯 그 풍광이 산수화처럼 아름답기만 했다. 그래서 인간이 자연 앞에 서면 비록 현실의 슬픔이 커도 피 끓는 환희의 정이 몸속에 흐른다고 에머슨은 자연의 신비를 극찬한 것 같다.

마치 융단을 깔아 놓은 듯 포근한 금잔디! 신발을 벗고 맨발로 걸었다. 청옥 빛 호수 위를 타고 오는 싸늘한 바람이 얼굴을 쓰다듬었다. 나는 대자연의 아름다움에 빠진 채 잔디밭에 누워 스르르 잠이 들고 말았다. 잠시 후 눈을 떠 청명한 하늘을 보니 뭉게구름이 천군만마가 바람을 타고 내려오는 모습처럼 보였다. 그러다가 구름은 또 다른 모습으로 자꾸 변해 요술을 부리는 것 같았다. 어느 시인은 인간을 구름에 비유해 "먼 나그네의 길을 가며 반항하는 존재"라고 했던가.

우리는 산림욕을 즐기기 위해 레드우드Redwood공원에 갔다. 레드우드는 미국 캘리포니아가 원산지이고 키가 115.6미터나 되는 지구상에서 가장 큰 삼나무(학명 Sequoia sempervirens)로서 매년 1.8미터씩 자란다. 그 레드우드가 뉴질랜드에 이주해서 8, 90미터의 높디높은 나무들로 군락을 이뤘다. 하늘을 찌르는 듯한 위용과 믿음직스럽고 우람한 자태로 우뚝 서 있다. 학생 네댓

이 양팔을 펴 나무를 껴안았다. 그 둘레가 3.5미터나 되었다. 학생들의 "와!" 하는 함성이 로토루아가 떠나갈 듯 메아리쳤다. 레드우드는 껍질이 적갈색으로 덮여 어머니의 가슴처럼 포근하고 부드럽다. 나무의 나이는 90년 생인데, 어쩌면 그리도 클 수 있는지 한국인 수목원장에게 물었다. 토양과 기후, 환경이 좋은 것도 중요하지만, 무엇보다도 나무를 자기 자식처럼 사랑하는 마음을 가져야 한다고 했다. 나무를 사랑하는 정성과 철학이 있었기 때문이 아닌가 싶었다.

해방 직후 풋내기 미 해군 장교로 한국의 풍물과 자연에 반해 한국에 귀화한 분이 민병갈(본명 Carl F. Miller) 님이다. 그는 한국 최초로 민간 수목원을 설립하여 천리포수목원장을 했다. "나무가 아프다는 꿈을 꾸고 눈물을 흘릴 만큼" 나무 사랑이 지극했다. 수천 종의 식물 이름을 한국어 속명은 물론 영어와 라틴어 학명을 줄줄이 외울 정도였고, 우리 국민에게 자연과 환경의 중요성을 일깨워 준 분이었다.

우리는 레드우드공원으로 가는 길목에서 굵은 나무뿌리가 땅 위로 솟아 서로 뒤엉켜 한 몸을 이루고 있는 것을 보았다. 그렇기 때문에 그 큰 나무는 태풍에도 끄떡 없이 잘 견뎌 낸다고 한다. 뿌리의 모습은 무슨 거대한 식물성 파충류들이 꿈틀대며 산길을 기어가는 듯했다. 길 위로 뻗어 나온 나무뿌리는 관광객들이 무심코 질근질근 밟고 지나는 바람에 껍질이 벗겨져 만신창이滿身瘡痍가 되었다. 얼마나 아팠을까. 그래서 나무들은 인간을 오죽이나 원망했을까 싶었다.

한번은 제주도의 분재공원에 갔었다. 우리의 선인들은 키가 두어 뼘도 채 안 된 작은 소나무, 단풍나무, 편백나무, 향나무 분재 등을 서재에 놓고 나무의 아름다움을 완상玩賞했다. 하지만 나는 볼수록 나뭇가지가 철사 줄에 묶여 난쟁이가 되는 것 같아서 측은하고 씁쓸했다. 사실 작게 분재한 나무와 큰 레드우드는 모두 씨앗이 30그램에 불과한 것으로, 처음에 싹이 틀 때는 별 차이가 없었는데 시간이 지나면서 엄청난 차이가 생긴 것이다. 그 두 종류의 나무는 크든 작든 간에 인간에게 요긴한 것과 즐거움을 주지만, 자기를 뽐낼 줄도 모르고 겸손하게 창조 사업에 동참하고 있는 것 아닌가.

지난주에 아내와 딸과 함께 미사에 참석했다. 여느 때와 달리 신부님의 강론을 들으면서 숙연한 마음이 들었다. 동창 신부님의 모친이 얼마 전 94세를 일기로 선종하셨는데, 그분 슬하에 7남 1녀가 있는데 그중 아들 넷을 신부로 보냈고, 외동딸도 수녀가 되었다 했다. 가톨릭교회에서는 처음 있는 일이었다고 했다. 얘기인즉 그 어머니는 20년 전 막 사제서품을 받고 강원도 홍천 본당으로 떠나는 막내아들 오 신부에게 작은 보따리를 주면서 어려운 일이 있을 때 풀어 보라고 일렀다. 보따리에는 "사랑하는 막내 신부님! 당신은 원래 이렇게 작은 사람이었음을 기억하십시오." 하는 내용의 편지와 오 신부가 갓난아이 때 입었던 배냇저고리가 들어 있었다. 작은 저고리는 성직자의 권위가 아니라 자신이 그처럼 작은 존재였음을 기억하며 살아 달라는 어머니의 간곡한 당부의 뜻이 담겨 있었다.

그날 미사를 마치고 집으로 돌아오면서 한때 구도의 길을 갈까 고민했던 시절을 떠올리며 나도 작은 존재로서 겸손한 삶을 살아갈 것을 다짐했다. 큰 레드우드도 어릴 적엔 분재한 나무처럼 아주 작은 존재에 불과하지 않았던가. 성직자로서 자기를 낮추며 살라는 그 어머니의 유훈이야말로 아들 넷을 신부로 만든 '거룩한 어머니의 상像' 이 아닌가 싶다.

(2015)

압록강단교鴨綠江斷橋

얼마 전 나는 (사)남북경협국민운동본부 회원의 일원으로 중국 단동丹東에 다녀왔다. 단동은 북한의 신의주와 압록강을 사이에 둔 교역의 관문이다. 우리는 압록강 바로 앞에 있는 고급 호텔 10층에서 여장을 풀었다.

'鴨綠江斷橋압록강단교'라고 한자로 크게 쓴 간판 옆 계단을 올라 약 200미터를 걸어가니 사람들이 철골 교각을 바라보고 서 있었다. 전쟁의 상처가 역력했다. 마음이 숙연해졌다. 6·25전쟁 때 중공군 참전을 사전에 차단하기 위해 1950년 11월 8일에 미군 폭격기가 폭파한 것이었다. 마치 엿가락처럼 늘어진 철골 아취를 보노라니 폭격기의 굉음과 함께 "쾅!~" 하고 폭탄 터지는 소리가 들리는 듯했다. 그 모습을 보는 순간 50여 년 전 내가 대학원 시절, 6·25전쟁을 중심으로 〈미국의 대한對韓 군사정책〉에 관한 학위 논문을 작성했던 시절이 떠올라 감회가 퍽 깊었다.

동대문 옆 헌책방의 먼지 속에서 보물 같은 자료를 해가 저무는 줄도 잊은 채 열심히 찾았다. 누렇게 빛바랜 ≪한국동란 삼년지韓國動亂三年誌≫(국방전략연구소, 단기 4287)), 맥아더 장군의 〈6·25 전쟁비사〉, 그 외 헨리 A. 키신저 교수의 〈핵무기와 외교정책〉(1957), 해리 S. 트루먼 대통령의 〈Memoirs〉(1956), Robert E. Osgood의 〈Limited War제한 전쟁〉 등 6·25전쟁에 관한 귀중한 자료와 문헌들을 토대로 일 년여에 걸쳐 밤잠을 설쳐 가며 논문을 작성한 기억이 난다.

6·25전쟁은 1950년 6월 25일 새벽 4시경, 북한의 김일성 집단이 소련, 중국의 지원을 받아 병력 20여만 명과 소련제 탱크 242대, 전투기 170대를 앞세우고 38선 전역에 전격 기습 남침해 왔다. 그리하여 서울이 삽시간에 점령당하고 말았다. 당시 남한은 미 군사 고문단 5백 명이 잔류했을 뿐 미군 2개 사단이 완전히 철수한 상태였다. 그런데 1950년 1월 12일, 미 국무장관 에치슨은 미국의 극동 방위선에서 한반도가 제외되었음을 발표하였다. 즉 극동 방위선은 아류산군도로부터 일본을 거

쳐 오끼나와, 필리핀에 연결된다는 것이었다. 그때 국군은 93,500명에 불과했고, 무기라야 소총, 기관총, 박격포뿐 전차, 비행기와 중포는 없어 북한과 비교도 안 될 만큼 열악한 상태였다. 북한군은 이때를 남침의 호기로 삼았고, 우리 군은 속수무책으로 삽시간에 대구 낙동강까지 점령당하는 위기에 처했다. 이처럼 풍전등화의 위기에 이르렀을 때 9월 15일, 맥아더 유엔군 사령관의 인천상륙작전이 성공함으로써 9월 28일에 서울을 탈환하고, 드디어 38선을 지나 전세는 역전되어 압록강까지 재탈환할 수 있었다. 그런데 1951년 1월 4일, 중공군 총사령관 팽덕회彭德懷가 15만 대군을 이끌고 압록강을 넘어 인해전술을 펴 공격해 옴으로써 또다시 전선은 38선 남방이 된 새로운 전쟁에 직면하게 되었다. 중공의 모택동毛澤東이 장개석 정부를 몰아낸 후 내부 혼란을 외부로 돌릴 심산에서 한국전쟁에 개입하여 전쟁에 집중시킴으로써 그의 권력을 구축하고자 한 결과였다.

얼마 전 천만 관객을 돌파한 영화 〈국제시장〉이 기억난다. 내용을 보면 중공군에 포위됐던 미 해병대 제1사단이 전투에서 궤멸하고 2,500명이 죽었다. 눈보라 치는 흥남부두에서 빅토리오호의 라투 선장은 위험을 무릎 쓰고 1만4천 명의 피난민을 구출시키는 데 성공한 눈물겨운 장면이 나온다. 라투 선장은 1954년 휴전 후 이듬해 가톨릭 수사가 됐고, 한국을 사랑하고 통일을 위해 늘 기도했다고 한다. 매우 감격스런 인류애가 아닌가 싶다.

1·4후퇴 때, 우리 가족은 눈길의 피난민 대열에 끼었다. '야목'이라는 곳에 이르자 갑자기 제트기 편대가 "세엥~" 소리와 함께 중공군을 향해 "다다다 다~ 꽝!" 하고 기총소사를 퍼부었다. 길섶에는 사람들이 죽은 시체로 아비규환阿鼻叫喚의 참상이 벌어졌다. 얼마를 지나 우리 가족은 인심이 피폐한 지경에도 어느 농가의 문간방과 헛간을 빌려 멍석을 펴 숙소를 마련했다. 전쟁 중 먹을 것이 없어 초근목피草根木皮로 끼니를 연명하는 형편이 되었다. 다행히 우리 가족은 아버지께서 쌀 두 가마를 소에 싣고 가셔서 양식 걱정은 하지 않았다. 나는 이른 아침에 마당을 쓸고, 냄비를 들고 김치를 얻으러 동네로 나가곤 했다. 전황은 장기간 교착 상태에 빠져 별 수 없이 형님은 주인집에 머슴으로 남고, 다른 가족은 모두 고향으로 돌아왔다. 하지만 돌잡이 동생만은 추위에 시달려 폐렴에 걸려 애석하게도 하늘나라로 가고 말았다. 마음이 정말로 아팠다. 전쟁 중에 약이 없다 보니….

북한군은 밤이면 동민들을 산으로 끌고 가 진지 구축에 노력동원 시켰다. 한편 학생 20여 명이 결사대를 조직하고 유사시 총을 들고 출동할 준비를 갖추고 있었다. 그런데 대원 중 하나가 의용군에 지원하면서 우리 계획을 내무서에 밀고함으로써 대원들이 목숨을 잃을 뻔 하다가 현장에서 도피하여 구사일생으로 간신히 살아났다.

한편 맥아더 사령관은 한국의 완전한 자주독립을 위해 전략상 중국 연안 봉쇄와 산업시설을 공격하는 작전으로 확대함으로써 공산군을 격퇴할 것이라고 성명을 발표하였다. 하지만 트루먼 대통령은 이런 전략 수단은 제3차 세계대전으로 확대될 위험성이 클 것이라 판단하고 정부 훈령을 어겼다는 이유로 4월 11일, 맥아더 사령관을 현직에서 해임시켰다. 만일 맥아더 장군의 말대로 중국 본토를 공격하는 작전을 취했더라면 전승의 결과를 이룰 수 있지 않았겠나 싶었다. 사실 소련은 중국을 포기하든가 아니면 미국과 전면전을 결심하는 딜레마에 빠졌을지 모른다는 해석이 가능하다. 왜냐하면 소련은 아직 핵무기를 보유하지 않은 상태였고, 이미 미국은 원폭을 사용할 수도 있다고 경고했기 때문이다.

이 전쟁은 미국과 유엔 16개국이 참전했는데, 한국군 14만 7천 명을 포함한 유엔군 18만 명 이상이 전사하였다. 북한군은 52만 명, 중공군은 90만 명이 전사했다. 또한 북한군은 남한 인사 8만5천 명을 납치했으며, 북한의 민간인 3백만 명이 남으로 내려왔다. 이렇게 참전국의 희생자는 모두 2백만 명이 넘는 제2차 세계대전에 버금가는 비극이었다. 전황은 장기간 교착 상태에 빠져 결국 당사국인 우리가 빠진 상태에서 유엔군과 북한군은 3년 1개월 만인 1953년 7월 27일에 정전협정을 체결하고 말았다.

6·25전쟁 65주년을 맞아 우리는 동족상잔同族相殘의 비극을 잊을 수 없다. 아직도 우리는 남북이 총부리를 맞댄 휴전 상태에 있음을 잊어서는 안 된다. 요즘 북한 김정은 집단은 핵의 위협과 남한 적화통일 획책을 버리지 않고 있음을 상기할 때 마음을 놓을 수가 없다. 압록강단교鴨綠江斷橋가 복구되는 그날은 언제일까. 조국통일의 길로 가기 위해서는 남북 관계의 신뢰를 기초로 균형적 경제 발전이 요구된다. 하버드대 에즈라 보겔 교수가 말한 “남과 북의 서로에 대한 점진적인 적응”이야말로 통일로 가는 가장 가능성 있는 시나리오가 아닐까 싶다.

(2015)

과거를 잊는 민족에게 미래는 없다

영국의 역사학자 이 에취 카E. H. Carr는 "역사란 현재와 과거의 대화"라고 하면서 "과거와 현재만이 아니라 미래가 큰 비중을 차지한다."고 역사의 바른 인식의 중요성을 강조했다.

그러므로 "과거를 잊는 민족에게 미래는 없다." 6·25 상흔을 극복하고 남북통일을 이루어 가기 위해서는 전쟁의 아픔을 분명히 기억해야 한다. 왜냐하면 6·25는 끝난 전쟁이 아니라, 지금도 진행 중인 전쟁임을 알아야 한다. 북한은 지금 핵으로 남한을 위협하고 있지 않은가 말이다.

"인천상륙작전 누가 지휘했나? … 이승만"

"6·25전쟁은 언제 일어났나? … 1945년"

이 얘기는 얼마 전 6·25전쟁 65주년을 하루 앞둔 서울 소재 20대 남녀 대학생 130명에게 물은 대답의 일부이다(2015. 6. 25일자 중앙일보 3면). 또한 20대 이상 성인 남녀 1,193명에게 물은 한 설문 조사에서 45.7%가 "6·25전쟁은 남쪽에서 북쪽으로 침략한 북침으로 인해 발생했다."고 답변했다. 그리고 한국갤럽이 성인 1,000명에게 6·25 발발 연도를 물은 결과 응답자의 36%가 연도를 모르거나 잘못 알고 있다는 것으로 조사됐다. 정말 어처구니없는 노릇이다. 국사 교육은 어찌 되고 있는 것인가. 어쩌다 이 지경이 됐는지 한심하고 기가 막힌다.

이런 상황을 틈타 북한은 또 '6·25 북침설'을 제기하며 한국과 미국 정부를 비난했다. 그동안 교육자의 잘못된 역사 교육으로 인해 그릇된 인식을 갖게 된 것도 사실이다. 이런 수정주의에 대한 대표적인 인물이 〈한국전쟁의 기원〉(1981)을 쓴 미국 시카고Chicago대학의 브루스 커밍스다. 1980년 이후 한국의 일부 지식인과 좌파 성향 세력들이 이런 수정주의를 받아들여 6·25를 남한의 북침인 것처럼 왜곡시켜 학생들에게 선동했던 것이 사실이다.

하지만 1991년 6·25전쟁이 김일성의 남침 전쟁이라는 구소련의 비밀문서가 공개되었다. 그리하여 브루스 커밍스는 여러 차례, 그리고 지난해 6월 24일에는 6·25한국전쟁은 북한의 남침이며, 자신은 수정주의자가 아니라고 자기의 수정주의적 견해를 분명히 수정함으로써 명백히 했다. 그러므로 6·25에 대한 바른 교육과 바른 인식이 자유민주주의의 초석이 된다는 것을 깨달아야 한다.

우리는 6·25전쟁의 참혹한 동족상잔同族相殘의 비극을 부끄러워해야 한다. 그래서 "역사를 잊는 민족에게는 똑같은 역사가 되풀이될 수밖에 없다"는 교훈을 상기해야 할 것이다. 중·고교 교과서에 우리의 현대사가 제대로 서술되고 또한 바른 가르침과 바른 인식이 따라야 함은 물론이다. 우리의 입시 제도가 국·영·수 위주의 과목뿐 아니라 한국사가 필수과목으로 채택됨이 바람직하다고 생각된다. 서울대만 유일하게 국사를 필수과목으로 하고 있는 실정이다. 장차 이 나라를 이끌어 갈 젊은 동량棟樑들이 국사를 모른다면 나라의 정체성이나 뚜렷한 국가관을 기대할 수 있겠는가. 자기 조상의 뿌리를 모르는 사람은 자기 존재 가치와 자긍심을 갖지 못하는 것처럼 나라 사랑도 기대할 수 없다는 것은 불을 보듯 뻔하다.

고려대 조광 교수는 실제로 교육 현장에서는 한국사를 추방해버린 것과 다를 바 없다고 안타까워했다. 또한 단국대 한시준 사학과 교수도 "최근까지 고등학교에서 한국사가 선택 과목이었고, 대학에서도 역사는 대부분 선택 수업"이라며 "고교 교육 과정에서 근현대사 과목을 선택하지 않은 학생들은 대학생이 돼서도 6·25전쟁에 대한 이해도가 낮을 수밖에 없다."고 지적했다.

요즘 교과서 국정화 논쟁으로 정부와 여야 모두가 극렬한 대립각을 세워 마치 역사 전쟁을 하듯 국론이 양분된 상태로 치닫고 있다. 물론 잘못된 역사책은 바로잡아야 마땅하지만 꼭 이 시점에서 이렇듯 여야의 정쟁의 도구가 되어야 하는지 모르겠다.

대한민국 학생들의 형편없는 국사 교육을 다른 나라의 역사 교육과 비교해 보면, 독일은 20%, 프랑스 15.5%, 일본 10.1%, 중국 9.4% 등 세계 주요 국가들의 역사 교육 비율이 높은 데 비해 한국은 5.4%로 현저히 떨어진다.

과거를 돌이켜 보면 우리는 수백 차례나 국난의 참변慘變을 당했다. 왜 이런 참경을 겪어야만 했던가. 조선시대에 양병에 힘쓰지 않고 오직 당파 싸움에만 사로잡힌 나머지 일제에게 국권을 빼앗겨 민족적 치욕을 느꼈다. 사실 우리는 100년 전 일본의 대륙의 진출로, 20세기 반은 일제의 식민지로 살았고 나머지 반은 남과 북이 분단된 채로 지금까지 살고 있다. 이는 19세기에서 20세기를 위해 제대로 준비하지 못한 탓이라고 할 수 있다.

그러므로 우리는 국가의 정체성 확립을 위해서 국사 교육이 얼마나 중요한지를 새삼스럽게 강조하게 된다. 우리의 젊은 영혼들이 21세기 세계화를 향해 당당하게 나가기 위해서는 정신을 바짝 차려야 한다. 그리고 국력을 크게 배양하기 위한 준비도 철저히 해야 한다.

잠시 여기 서산 대사의 한시 한 구절을 음미해 본다.

> 눈 덮인 광야를 지나갈 때엔/ 함부로 발자국을 남기지 마라.
>
> 오늘 내가 남긴 이 발자국은/ 마침내 후세들에겐 길이 되리니.

김 구 선생께서 자주 인용했던 시구詩句이다. 우리가 하루하루를 어떻게 살아야 하는지 고민될 때 새겨 볼 만한 시다. 또한 사람이 온 세상을 얻고도 자기 자신을 잃거나 해치게 되면 무슨 소용이 있겠는가. 한 국가의 생존 문제와 관련시켜 볼 때 세계 평화의 유지, 보존이 한 국가의 생존 이상의 의미를 가질 수는 없는 것이 아닌가. 그렇기 때문에 6·25전쟁의 뼈아픈 기억들을 되새겨 민족 화합을 통한 미래 지향적인 국가 번영의 길로 승화시키는 계기로 삼았으면 좋지 않겠나 싶다.

(2015)

괴테 하우스Goethe-Haus

지난 여름방학 때였다. 사회복지를 전공하는 학생 60여 명을 인솔하고 해외 연수 및 실습의 일환으로 독일, 프랑스, 룩셈부르크를 경유, 영국의 런던을 다녀왔다. 이들 국가의 사회복지 시설을 돌아보면서 많은 감명을 받았다. 특히 독일 프랑크푸르트의 장애인 재활 작업장은 소규모로 운영되고 있었다. 베를린 지역에도 유사한 시설이 250여 개가 있다고 했다. 그곳에서는 실업자를 감소시키기 위한 방법으로 근무 시간을 주 38시간에서 32시간으로 줄여 일자리를 마련해 주고 있었다. 또한 유료 양로원Marthahaus은 이용료가 비싼 대신 노인들이 안락하게 생활하고 있었다. 식단표는 개인의 요구에 맞춰 작성하는데, 젊었을 때

본인이 많이 낸 연금 보험료 덕분이라고 했다. 이용료가 월 8천 마르크(한화 468만 원)이며 요양 보험과 일부를 정부가 부담한다 했다.

우리는 양로원 견학을 마치고 괴테의 고향인 프랑크푸르트로 가 '괴테 하우스Goethe-Haus'를 구경했다. 독일의 대 문호 괴테(1749~1832)는 그 집에서 태어났고 청년 시절인 1775년까지 그곳에서 지냈다. 그의 부친은 법률가였고, 어머니는 프랑크푸르트 시장의 딸이었다. 건물은 현대식 4층 저택이었고 방이 무려 20여 개나 되었다. 오래된 건물이었지만 귀족층에 속한 집안임을 금방 짐작할 수 있었다.

건물 안으로 들어서자 일층 부엌에는 놋그릇과 도자기 그릇들이 옛 모습 그대로였고, 귀족이라 그런지 가구들이 고급스럽고 방마다 소품들이 그득해 볼거리가 꽤 많았다. 나무 계단을 밟고 이층으로 올라가니 정면에 시간과 날짜, 태양과 달의 움직임을 나타내는 천문 시계가 떡 버티고 있어 눈길을 끌었다. 시계는 그 때 그 시각을 정확히 가리키고 있었다.

사층 방은 괴테의 유명한 작품 〈젊은 베르테르의 슬픔〉과 〈파우스트〉의 초고를 쓴 곳이라고 했다. 그는 팔십이 다 돼서 〈파우스트〉를 완성했다고 한다. 그 방 이곳저곳을 기웃거리자니 내가 주례사에서 자주 인용했던 말이 불현듯 생각났다. "결혼만큼 본질적으로 자기 자신의 행복이 걸려 있는 것은 없다. 결혼 생활은 참다운 뜻에서 연애의 시작이다."라고 한 그의 낮은 음성이 들리는 듯했다. 그분의 삶을 생각하면서 깊은 상념에 빠져 들어 한참 동안 눈을 감고 그분 영혼과 대화를 나눴다.

나는 그 집의 층층마다 구석구석에 눈길이 쏠렸다. 나무 계단을 밟을 때마다 삐걱 소리가 났다. 그 소리는 가신 지 수세기가 지났어도 그분의 영혼이 숨 쉬고 있는 듯한 느낌을 주었다. 한 걸음 한 걸음 계단을 오를 때마다 앞장 선 괴테의 족적을 밟으며 뒤따르는 내 모습을 상상하였다. 또한 내 삶의 좌우명으로 삼았던 시구詩句 "마치 해바라기가 태양을 바라보듯이 우리의 마음도 항상 밝은 빛을 향하고 있다."는 괴테의 말이 불현듯 떠올랐다.

18세기에 지역어에 불과했던 독일어가 세계적인 언어가 된 데는 '괴테'라는 걸출한 문인이 있었기 때문이 아닌가 싶다. 그는 변호사를 그만둔 뒤 한때 바이마르에서 재상을 지내기도 했다. 그림과 음악 등에 천부적 재능을 가진 상류층이었다. 그는 시인이요 극작가, 정치가, 과학자, 세계적인 문학가이고 자연 연구가이기도 했다. 그의 문학작품들은 분열된 국가를 문화적으로 통합시켰다. 당시 독일 사회는 로마와 프랑스 문화에 탐닉되어 독일적이라 할 만한 것이 빈약하였다. 괴테는 독일을 세계적으로 우뚝 선 국가로 만든 인물이라고 '마음산책출판사 정은숙' 대표는 말하고 있다. 오늘날 카프카·브레히트 ·토마스만·귄터 그라스의 문학이 세계적으로 널리 읽히는 것도 이런 문호의 선각적인 노력이 있었기 때문이다.

나는 아쉬움을 간직한 채 그곳을 떠나 하이델베르크로 갔다. 그곳은 프랑크푸르트에서 서남쪽으로 75킬로미터 떨어진 대학 도시이며 철학자와 예술가들이 사랑받던 학문과 문화의 중심지이다. '철학자의 길'이라는 네카강을 따라가니 언덕 중턱에 괴테 ·헤겔 등 많은 철학자들이 걸으며 명상에 잠겼다는 산책로가 나왔다. 그리고 약간 높은 언덕 위에 1,300년경에 건축되었다는 '하이델베르크 성'이 있었다. 그곳에 있는 지하로 내려가니 1751년에 만든 세계에서 가장 큰 22만 리터의 와인 통이 보였다. 그 어마어마한 크기에 놀랐다.

나이가 들면 사람들이 주변에서 하나하나 떨어져 나간다. 결국 모든 사람들로부터 소외되어 혼자가 된다. 대 문호 괴테도 늙어서 가족으로부터 소외당하자 식품 창고 열쇠를 베개 밑에 감춰 두고 자손들이 끼니때마다 찾아오게 했다고 한다. 자손들을 불러들여 각자 먹을 것을 들고 나오게 해 그것을 저울에 달아 분배해 주며 소외감과 고독을 떨쳐 냈다고 하니 참으로 눈물겹다. 괴테는 삶을 마감할 때, '사랑했노라, 괴로워했노라, 배웠노라'의 동사 세 개를 썼다고 한다. 그의 '사랑에 관한 시詩'를 여기 소개한다.

마음이여 내 마음이여/ 어떻다는 것인가/ 무엇이 내 가슴을 무겁게 하나/ 무어라 할까, 낯선 새로운 생명/ 너의 모습은 벌써 없구나./ 네가 사랑하는 모든 것도/ 이제는 어느덧 사라져 버렸다/ 너의 노래도 너의 안식도/ 아아, 어찌하여 이토록 변했는가.

(2001)

하롱베이Halong Bay

하롱베이Halong Bay! 영화 〈인도차이나〉의 배경인 아름다운 하롱베이는 우리에게도 낯설지 않은 곳이다. 우리 일행 35여 명이 관광버스 두 대에 나눠 타고 하노이에서 하롱베이까지 가는 데 4시간 30분이 걸렸다. 하롱베이로 가는 가을 길목에서 끝없이 넓고 방대한 황금빛 물결을 상상해 보았다. 평야는 우리나라와 별반 다르지 않았다. 추수가 끝난 뒤라 벼 그루터기만 남은 논바닥에서 볏짚을 뜯는 소들의 모습이 평화스러워 보였다. 베트남은 이모작으로 쌀 생산이 세계 1위라 한다. 앞으로 쌀 수입이 완전 자유화가 되면 우리나라의 농부들이 벼농사를 지켜 낼 방법이 있을까 하고 걱정이 앞섰다.

우리는 하롱베이에 도착하자마자 저녁으로 삼겹살을 상추에 싸 맛있게 먹었다. 서울 한복판에서 식사하는 것처럼 마음이 푸근함을 느꼈다. 식당 여종업원들은 모두 아름다운 모습이 매력적이었다. '여정은 연정'이라고 했던가. 그래 그런지 그녀들이 더욱 아름답게 느껴졌는지도 모른다.

그들은 한국과 한국인을 좋아한다고 했다. 베트남 여성들은 한국 TV 드라마를 즐겨 본다고 했다. 우리의 드라마 내용이 권선징악勸善懲惡을 내세우는 작품들이 많다 보니 그들도 우리와 똑같은 감성으로 느끼는 것 같다. 그들도 유교 사상이 지배적인 동양의 전통문화 속에 살고 있기 때문이 아닌가 싶기도 했다.

시내 고급 호텔에서 하룻밤을 묵고, 다음 날 아침 7시, 하롱베이를 구경하기 위해 부두에서 배를 탔다. 그날은 화창한 날씨 덕분에 섬들을 선명하게 볼 수 있었다. 우리들은 배에 올라 그 아름답고 그림 같은 자연경관를 가진 하롱만灣을 돌았다. 하롱만은 120km의 해안선을 가지고 있다. 섬들은 크고 작은 이름 없는 것까지 모두 3,000여 개에 달한다고 한다. 기암괴석의 섬들이 우뚝우뚝 서 있는 자태를 선상 가판 위에서 바라보았다. 그중 '키스섬'이라 불리는 섬이, 두 마리의 새가 마주 서서 입을 맞추며 떡 버티고 서 있는 모습으로 눈앞에 다가왔다. 신기하고도 아름다웠다. 만경창파萬頃蒼波에 떠 있는 배에서 수많은 섬의 풍광을 바라보니 바다 위에 떠 있는 조각품을 보는 것 같은 착각에 사로잡힌 듯했다. 섬은 태양의 위치에 따라 빛이 변하고 날씨에 따라 또 다른 정취를 나타낸다고 한다.

그곳은 지질학적으로 북쪽은 계림이고 남쪽은 닌빈Ninh Binh까지 광대한 석회암 지역이다. 배는 그림같이 펼쳐진 주변의 섬들을 지나 30분 가량 잔잔한 물결을 가르며 달려 드디어 하늘의 궁전 같다는 '천궁석회석동굴' 앞 부두에 닿았다. 배에서 내려 계단을 조금 올라가 바로 석회석동굴 입구에 들어섰다. 천궁석회석동굴은 하롱만에서 가장 아름답기로 손꼽힌다. 이 동굴이 있는 섬은 왕관이 두 개의 동굴을 품고 있는 모습의 작은 섬들로 이루어져 있다. 동굴의 좁은 입구와는 달리 130m 길이의 웅장한 동굴 내부가 드러났다. "세상에! 이런 환상적인 비경祕境이 어디에 또 있을까!" 탄성이 절로 나왔다. 그처럼 아름다운 대자연을 우리에게 거저 선사해 준 창조주에게 감사할 뿐이었다.

내부에 설치된 조명으로 비추는 천연 동굴의 환상적인 자태를 보고 잠시 우두커니 서서 넋을 잃고 말았다. 그 규모가 서울 월드컵경기장을 방불할 정도로 큰 데다 동굴 안의 천장에서 내려온 석회석의 여러 형상들은 정말이지 장관이었다. '하늘의 문'이라든가 '문현석', '임금님의 용좌', '폭포', '선녀 목욕탕', 절벽 위에서 아래를 보고 있는 자애로운 '성모 마리아의 형상' 등이 마치 박물관에 진열된 작품을 관람하는 것 같아 황홀했다. 그 동굴은 수세기 전에는 해적들의 은신처였고, 몽골군이 침공했을 때는 군사적 요새지로 오천 명의 군사가 동굴 안에 숨어 있다가 몽골군을 물리친 전적도 있다고 한다.

하롱베이는 유네스코가 1994년 세계문화유산으로 지정, 선포했으며 전 국토의 1,553㎢를 차지할 정도로 광활하다. 베트남에서 가장 아름다운 국립공원으로 유네스코는 남미의 아마존 다음으로 그곳을 아름다운 경관으로 선정했다. 제주도는 세계 7위로 인정되고 있다.

영화 〈인도차이나〉는 프랑스 작품으로 하롱베이가 배경이다. 레지스 와그니어가 감독하고, 주연 배우로는 프랑스의 까뜨린느 드뇌브(엘리안느 데브라 역), 벵상 빼레(장 밥띠스트 역), 베트남의 린 당 팜(까미유 역), 그 외 장 얀느가 출연하여 프랑스 인들의 심금을 울린 작품이다. 때는 19세기 말 프랑스의 인도차이나 지배가 한창이던 1930년, 중국 공산당의 영향을 받아 베트남 공산당이 창당된 시점부터 1954년 제네바 협정으로 베트남이 남북으로 분단되는 격동기를 배경으로 굴곡진 역사 속에 휩쓸린 사람들의 운명이 전개되는 모습을 그린 영화이다.

베트남 인들은 쓰라린 전쟁과 침략을 겪었고, 한 세기 동안 식민지 시대의 고통을 겪어야만 했다. 정치 권력자들은 권력을 유지하는 수단으로 국민의 고통을 도외시한 채 전쟁을 일으킨 역사도 꽤 있다. 나는 문득 우리가 겪은 일제강점기의 만행이 떠올라 새삼 전율戰慄하고 말았다. 그 원혼들과 40여 년 전 베트남 전쟁 때 죽어 간 우리 젊은 영혼들을 생각하니 마음이 숙연해지고 가슴이 아팠다.

점심때가 되었다. 우리는 생선을 싣고 접근해 온 배에서 해산물, 다금바리, 게, 소라 등 자연산 활어를 사 회를 뜨고 남은 뼈와 잡물고기를 냄비에 담고 고추장을 풀어 얼큰하게 매운탕을 끓였다. 여럿이 선상 가판에 둘러앉아 매운탕과 회를 안주 삼아 막걸리 잔을 기울이고 정담을 나누며 점심을 먹는 기분이야말로 신선놀음이 아닌가 싶었다. 오랜만에 막걸리를 꽤 마셨음에도 불구하고 아무렇지도 않았던 것을 보면 하롱베이의 아름다운 비경이 나의 몸과 마음을 어루만져 주었기 때문이 아닌가 싶다. 참으로 무릉도원이 따로 있겠나 싶었다. 나는 잠시 가판 위에 누웠다. 하늘을 보며 비몽사몽 잠이 스르르 왔다. 잠시나마 참 기분 좋은 단잠이었다.

눈을 떠 보니 배는 잔잔한 물결을 가르며 부두로 돌아가고 있었다. 그런데 난데없이 저 멀리 산꼭대기에서 갈매기의 천적인 독수리 한 마리가 크게 날갯짓을 하며 쏜살같이 뱃머리를 스쳤다. 그래 그런지 물고기들이 많이 살고 있는 넓은 바다인데도 갈

매기는 보이지 않았다.

하롱베이의 경관은 지난날 통한의 역사를 묵묵히 지켜보고 또 견뎌 냈으리라. 비통함을 통분하면서 말이다. 그 아름다운 비경이 훼손되지 않고 영원히 보존되기를 바라는 마음이다.

(2012)

Chapter 3

어머니의 적선積善

나비 효과

기부 문화

어머니의 적선積善

안중근安重根 의사

남북 경협南北經協

유교 자본주의의 한계

비경 호아루Hoa Lu

국제정치는 세력 정치인가

어머니! 정말로 사랑했습니다. 이제는 세상에서 시리고 아픈 기억들을 모두 내려놓으시고, 천국에서 영원한 안식을 누리시길 두 손 모아 기도드립니다.

나비 효과

지난해 나는 세무사 십여 명과 함께 지역사회 재능 바치기의 일환으로 일산노인종합복지관에서 주방 일을 돕는 자원봉사 활동에 참여했다. 설거지와 취사를 보조하는 일인데도 생각보다 그리 쉽지는 않았다.

나는 잠자리에서 일어나 빗자루로 방 청소하는 것이 일과의 시작이다. 그때는 내 마음을 정돈하는 시간이기도 하다. 그날은 복지관에서 자원봉사하는 날이라서 화장실에서 목욕재계沐浴齋戒하고 면도를 하려고 거울 앞에 섰다. 그런데 웬 날벌레들이 얼굴 주위를 맴돌아 면도를 방해하는 것이었다. 여름철이라서 그런가 생각하다가 주방에 있는 음식물 쓰레기통 때문일까 싶어 그 주위를 살폈지만 아무것도 발견하지 못했다. 복지관에 갈 시간이 돼서 우선 집 안 구석의 하수구마다 살충제를 뿌렸다. 그리고 우유 한 잔에 빵 한 조각으로 조반을 때우고 서둘러 복지관에 갔다.

먼저 지하의 자원봉사자실에서 작업복을 갈아입었다. 회원들이 약속 시간이 지났는데도 보이지 않았다. 무례하다 싶어 주방에서 커피 잔을 들고 옥상에 올라갔다. 푸른 잔디와 너른 호수가 눈앞에 펼쳐졌다. 호수에는 오리 여러 마리가 줄을 서서 물속으로 곤두박질을 치며 물놀이를 즐기고 있었다. 한 폭의 그림처럼 아름다운 아침 풍경이었다. 영국의 낭만주의 시인 윌리엄 워즈워스는 "푸른 초원에서 영광과 빛나는 꿈을 발견했다."고 했다. 나도 위대한 것을 위한 꿈을 실현해 보면 어떨까 싶은 생각이 불현듯 떠올랐다. 어느새 시간이 10시 30분이 넘었다. 서둘러 주방으로 내려가니 회원들이 기다리고 있었다.

우리는 검정색 장화를 신고, 앞치마에 빨간 고무장갑을 끼고 주방에 들어섰다. 마치 출정하는 병사들처럼 말이다. 주방에는 여성 취사 요원들이 음식 준비에 여념이 없었다. 우리는 영양사의 지시에 따라 무채를 썰고 설거지 일을 맡았다. 이런 일은 평소 집에서 아내를 도우며 할 수 있는 간단한 일이지만 별로 해본 적이 없었다. 참으로 무심하고 형편없는 남편임을 자인하니 부끄럽기 짝이 없었다.

1,500여 명 분의 식사를 준비해야 하기에 양이 참 많았다. 두 개의 대형 전기 가마솥에서 강낭콩 밥 짓는 냄새가 구수하게 나고, "픽~" 김빠지는 소리를 내며 밥이 다 되었음을 알려 왔다. 구수한 강낭콩 밥에 된장국·동태 찜·김치·무채무침·김 등의 찬이 식욕을 돋웠다. 식대 2,200원짜리 치고는 진수성찬이었다.

11시 30분이 되자 어르신들은 질서 있게 줄을 지어 식당 안으로 들어섰다. 무슨 얘긴지 알 수는 없지만 화기애애하고 행복해 보였다. 우리나라 행복지수는 통계상 세계에서 최하위에 속한다던데 그곳만은 예외인 듯싶었다. 그분들은 일제강점기의 억압과 6·25전쟁의 참혹함을 겪었고, 전쟁 중에는 초근목피草根木皮로 끼니를 연명했다. 또한 열사의 중동 건설 현장의 역군으로 혹은 서독에 광부와 간호사로 파견되어 목숨을 걸고 희생과 피땀으로 당시 국민 소득 80달러에서 3만 달러의 선진국 문턱으로 오늘의 한국 경제를 부흥시킨 주역들이 아니던가. 그분들이 맛있게 식사하는 모습을 보면서 나의 이런 하잘 것 없는 봉사는 봉사도 아니라는 생각이 들었다. 사실 봉사란 말은 받들 봉奉, 모실 사仕, 즉 '받들어 모신다'는 뜻이다.

어르신들의 식사가 끝날 때마다 소반과 그릇이 나오는 대로 꼬박 서서 그것들을 닦았다. 얼굴은 땀인지 콧물인지 분간이 안 될 정도였고 허리는 끊어질 듯 아픈데 쉴 틈도 없이 소반과 식기가 내 앞에 계속 쌓였다. 마치 〈모던 타임스〉 영화 속의 주인공인 찰리 채플린이 빠르게 움직이는 콘 베어 벨트 앞에서 볼트 조이는 일을 미처 처리하지 못해서 쩔쩔매는 모습이 나오는데, 내 처지가 그와 같아서 웃음이 났다.

네 시간의 주방 설거지 일은 끝이 났다. 내 작은 봉사로 노인들이 행복해하는 모습을 보면서 나 자신이 기쁨을 느낄 뿐 아니라 어른을 공경하는 마음과 사람을 사랑하는 마음도 배우게 됨을 느꼈다. 그러나 한편 재능 나누기에 참여하는 것은 바람직한 일이지만 '수신제가修身齊家도 못하면서 치국평천하治國平天下가 웬 말인가.' 하고 반성해 보는 생각도 들었다. 사실 밖에서 봉사한답시고 떠드는 행위는 위선이 아닐까 싶기도 했다.

그러나 봉사란 파급 효과가 크게 나타나게 마련임은 틀림없다. 얼마 전 신문에 소개된 내용인데, 그 글에서 L 씨는, "자기 몸을 던져 남을 위하는 게 진짜 봉사다."라고 하였다. 그는 15년 동안 에티오피아·아이티·네팔·스리랑카·베트남 등 십여 개 국가의 소외 지역과 난민촌 수백 곳을 돌며 의료 봉사에 참여한 '열린 운영사'를 맡고 있는데, K석유㈜ 회장의 딸이다. 부유한 집안에서 별 고생 없이 살고 있는 그다.

미국의 MIT공대 기상학자인 로렌츠 교수는 자원봉사 활동에 대해 "나비들이 날아가며 일으키는 작은 바람이 태풍을 일으킨다."고 했다. 그는 브라질에서 나비 한 마리가 일으킨 날갯짓이 대기의 흐름을 변화시켜 텍사스 주에서 토네이도가 발생하는 결과로 이어질 수 있다는 일명 '나비 효과butterfly effective' 개념을 창안했다. 시작은 작지만 그 결과는 크게 나타날 수 있다는 것이다.

주방에서 봉사하는 일은 오후 1시 30분에 끝이 났고, 우리도 주방 요원들과 함께 점심을 먹었다. 육신은 피곤하지만 행복한 하루였다. 그러나 이제는 나의 황혼 길목에서 윤동주 시인의 〈내 인생에 가을이 오면〉 시구詩句가 떠오른 것은 왜일까.

> 내 인생에 가을이 오면 나는 나에게 물어볼 이야기들이 있습니다./ 내 인생에 가을이 오면 나는 나에게 사람들을 사랑했느냐고 물을 것입니다./ 그때 가벼운 마음으로 말할 수 있도록 나는 지금 많은 사람들을 사랑하겠습니다./ (중략) / 내 인생에 가을이 오면 나는 나에게 어떤 열매를 얼마만큼 맺었느냐고 물을 것입니다./ 그때 나는 자랑스럽게 대답하기 위해 지금 나는 내 마음 밭에 좋은 생각의 씨를 뿌려 좋은 말과 좋은 행동의 열매를 부지런히 키워야 하겠습니다.

내가 살아온 내 삶이 어떤 열매를 맺었다고 말할 수 있을까 자성해 본다.

(2015)

기부 문화

주말이라 딸아이와 지하철을 타고 명동성당 미사에 참석했다. 거리에는 구세군이 자선냄비 앞에서 종을 딸랑딸랑 흔들며 "불우이웃을 도웁시다!" 하고 목청을 높였다. 하지만 사람들은 외면한 채 그냥 지나갔다. 지난해인가, 어느 독지가 한 사람이 일억 원짜리 수표를 넣고 갔다는데 올해는 어떨지 모르겠다.

미국은 재벌들이 기부 문화를 주도하지만, 우리 사회는 기업의 기부가 80%를 차지한다. 파이낸셜 타임스의 클라이브 크룩은 "법인 경영자가 주주의 승인 없이 기부 행위를 하는 것은 도둑질과 다름없다."고 비판했다.

자본주의 시장경제에서 부富의 창출은 기업의 몫이다. 슘페터

J. A. Schumpeter는 '창조적 파괴'라는 명구를 남긴 20세기 케인즈J. M. Keynes와 더불어 경제학의 양대 거두이다. 슘페터의 말대로 기업가는 '창조적 파괴'를 통해 시장을 혁신으로 이끌었다. 5년 전에 스티브 잡스의 기술 혁신은 스마트폰 시장을 창조하였다. 이로 인해 휴대폰 제조업체인 노키아와 모토로라가 무너졌다. 삼성전자만은 빠르고 뛰어난 추격자로서 스마트폰 시장에서 살아남았다. 이는 기술 혁신이 현대를 살아가는 우리에게 큰 충격을 준 것이라는 해석이 가능하다.

그런데 인류가 추구하는 보편적 가치인 평등과 분배 문제는 기업이 사회적 책임을 다하지 않기 때문에 발생한 것처럼 말한다. 하지만 미국의 하버드대 드러커P. F. Drucker 교수는 기업가는 주주에게 이윤의 극대화뿐 아니라 사회적 책임이 있다고 말한다. 즉 기업은 소비자의 욕구를 충족시키기 위해 양질의 제품을 많이 만들어 두었다가 소비자가 원할 때 언제든지 제공해 주고, 종업원에게는 인간다운 생활을 할 수 있도록 임금을 보장해 주고, 정부에게는 재정을 충당하기 위해 세금을 내야 하며, 주주에게는 적정한 배당과 기업의 건전한 재무구조를 유지하는 등 이해 관계자에게 사회적 책임을 다해야 한다고 했다. 그리하여 기업은 이해 관계자의 욕구 충족을 위해 가장 합리적이고 효율적인 경영 활동을 수행해야 한다는 것이다. 사실 부富의 재분배 효과는 세제상 누진세율 적용과 사회복지제도에서 더욱 효과적으로 나타난다.

우리나라에서 기업의 사회 환원을 최초로 한 사람은 ㈜유한양행 창업자인 고故 유일한 박사이다. 그는 종업원에게 주식을 나누어 주었고, 기업 일선에서 물러나면서 평생 번 재산을 모두 사회에 환원했다. 이번에 한미약품 임성기 회장(김포 출신)도 한미사이언스 주식 중 약 90만주(시가 1,100억 원)를 2,800명의 직원에게 무상으로 증여했다고 하며, 직원들이 받은 주식은 월 급여의 1,000%로 1인당 4천만 원에 이른다고 한다. 매우 훌륭한 일이다.

한편 미국에서는 2014년 포브스가 꼽은 가장 많이 기부를 한 10여 명이 낸 금액은 71억 달러(약 8조2,715억 원)에 달한다. 그중 1위는 워렌 버핏 회장으로 28억 달러(3조2,650억 원)를 기부했다. 그는 "돈이란 특별한 목적을 위해 쓰지 않는 한 아무런 의미가 없다."고 한 죽은 첫째 부인의 종용에 따랐다. 버핏은 1960년 재단을 만들었지만 수전노 투자자였다. 2006년에 보유한 주식의 85%인 370억 달러(약 37조 원)를 자선기금으로 내놓아 310억 달러는 빌 & 멜린다 게이츠 재단에 기부했다. 게이츠 재단에 291억 달러를 웃도는 금액을 기부한 것은 게이츠에 대한 버핏의 신뢰가 있었기 때문이 아닌가 싶다. 참으로 믿기 어려운 파격적인 행위를 보여 주고 있다. 매우 감탄스럽다.

2위는 너무나 잘 알려진 빌 게이츠이다. 그는 MS 최고 경영자 자리에서 물러나 '빌 & 멜린다 게이츠 재단'을 설립하고 지금까지 저개발 국가의 질병과 빈곤 퇴치, 친환경 에너지 기술 개발 등에 280억 달러를 후원했다. 그는 2014년 한 해 동안 13억 달러(약 1조 5,158억 원)를 기부했고, 세계에서 가장 돈 많은 커플(748억 달러)이다. 이 부부는 죽기 전에 전 재산의 95%를 기부할 것을 약속한 바 있다. 빌 & 멜린다 게이츠 재단의 행보에 감명 받은 사우디아라비아 왕자가 전 재산 35조 원을 기부하겠다고 약속하기도 했다. 선행은 선행을 낳고 주변을 물들인다.

3위는 '헤지펀드의 제왕'이라 불리는 조지 소로스이다. 그는 2014년 한 해 동안 7억3,300만 달러(약 8,547억 원)를 기부해 "악마같이 벌어서 천사처럼 쓴다."고 하면서 남아프리카공화국에 사는 흑인 학생의 학업을 돕고 사회적 억압과 탄압에 맞서 목소리를 내는 것에 자신의 부를 쏟아붓고 있다.

4위인 마이클 블룸버그는 2002년 뉴욕시장으로 취임해 12년간에 걸쳐 개인 돈 6,800억 원을 썼고, 한 해 동안 4억 6,200만 달러(약 5,387억 원)를 예술, 교육, 환경, 공중 보건 부문에 기부했다. 일생 동안 총 25억 달러를 기부했고, 카네기재단에 2억 달러를 기부했다. 그는 연간 270만 달러의 시장 연봉도 받지 않는 대신 매년 1달러만 받았다. 그는 미국 내 11위, 전 세계 16위의 부자다. 그리고 5위인 척 피니는 면세점 체인 DFS을 경영하는 아일랜드계 미국인으로 4억3,400만 달러(약 5,060억 원)를 기부했다. 그는 워렌 버핏과 빌 게이츠 부부가 자선 단체를 세우는 데 자극을 준 기부의 선구자로 꼽힌다. 그 외 월턴 가문 등등 순이다.

이처럼 미국의 기부는 재벌들이 그들 개인의 소득에서 기부 문화를 주도하지만, 우리는 기업이 대부분을 차지하며, 개인은 새우젓 할머니, 국수집 할머니 등이 참여하는 기부 문화다. 이런 기부 문화가 하루아침에 바뀔 수는 없지만 개인의 소득과 재산에서 수시로 기부되는 문화로 바뀌어야 할 것이 아닌가 싶다.

(2015)

어머니의 적선積善

어머니는 이씨 집안에 외며느리로 시집오셔서 5남 1녀를 낳아 기르시고, 아버지는 수만 평의 농토와 선산을 장만하셔서 우리 집안을 일으키셨다. 그러는 동안 어머니는 손에 물 마를 날이 없이 일하셨고, 농번기 때는 산후조리는커녕 아이를 업고 농사 뒷바라지하느라 허리가 굽어지셨다. 그러니 얼마나 몸이 아프고 불편하셨을까 생각하면 가슴이 미어진다.

금년은 어머니가 돌아가신 지 어느새 13주년이 되었다. 91세를 일기로 세상을 뜨셨지만 내 가슴속엔 늘 살아 계신다. 지난 설 명절 때는 어머니 산소에 성묘한 후, "어머니, 편히 쉬셔요." 하고 말하는 순간 어머니의 나직한 음성이 들리는 듯했다.

어떤 심리학자는 "우리의 과거를 더듬어 첫 번째 기억을 찾아내면 어른이 되어서도 자주 느끼는 감정들을 이해할 수 있다."고 했다. 나는 돌아가신 할아버지가 보고 싶어 담벼락에 붙어 울던 일, 아버지의 주머니에서 돈을 훔친 기억, 왜정 때 불장난으로 뒷간에 감춰 둔 볏가마가 발각되어 아버지가 주재소에 끌려간 일 등 마음속에 남아 있는 유년 시절의 기억이 현재의 의식에 표면화되어 있다.

네댓 살 때였다. 어머니가 "아랫말에 사진쟁이 왔다."고 하셔서 나는 "엄마! 사진 찍으러 가자, 응?" 하고 어머니의 손을 끌며 졸랐다. 내 얼굴을 사진으로 볼 수 있다는 것이 얼마나 신비로운 일인가 생각했기 때문이다. 어머니는 "그래, 가자." 하시며 나를 등에 업고 아랫마을로 갔다. 그곳에는 이미 아낙네들이 모여 있었다. 사진사는 나를 보자마자 "참 잘생긴 도련님이시네." 하면서 나를 치켜세웠다. 흰색 바지저고리에 개떡 모자를 쓴 나는 얼른 마루에 올라가 포즈를 취했다. 그랬더니 어머니는 "자! 저 자식 봐라." 하시며 대견해하셨다. 이 세상에 태어나 처음 찍는 사진이므로 얼른 보고 싶어졌다.

그 이듬해인가, 어머니는 정월대보름이 되자 시루떡을 찌기 위해 아침부터 분주하셨다. 시루에 쌀가루와 붉은 팥고물을 켜켜이 얹고 시루떡을 쪘다. 김이 모락모락 나면서 드디어 먹음직스러운 시루떡이 완성되었다. 어머니는 시루떡을 칼로 자르고 그릇에 담아 장독대 · 대문 · 다락 · 뒷간에 가져다 놓고 "고수레!" 하면서 악귀를 쫓고 가정의 평안을 기원하는 주술적呪術的인 의식을 하셨다. 그러고 나면 나는 목판에 시루떡을 담아 동네를 한 바퀴 휑하니 돌며 집집마다 돌렸다. 떡 먹을 생각에 얼른 집에 돌아오니 어머니는 "춥지? 애썼다!" 칭찬하시면서 나를 꼭 안아 주었다. 나는 포근함을 느끼며 울컥 눈물이 났다. 어머니는 따듯한 안방 아랫목에 나를 앉혀 놓고 시원한 동치미 국물을 가져다 주셨다. 그때 그 시루떡 맛은 지금도 잊을 수가 없다.

어머니는 늘 손이 놀 새가 없이 부엌이나 들에서 일을 하셨다. 어떤 때는 동네 사람들이 어쩌다 사고나 병이 나면 내 집안 일처럼 마음 아파 어쩔 줄 모르고 걱정하셨다. 그리고 내가 중 · 고교 시절 인천에서 자취 생활을 할 때, 쌀 · 김치 · 반찬 보따리와 심지어 장작을 무내미 고개 버스 정류장까지 머리에 이고 날라 주시던 어머니의 모습을 생각하면 가슴이 아프다. 그 고개는 선열들이 3·1독립만세를 외친 곳이기에 더욱 숙연해지고 귓가에 그 소리가 들리는 듯하여 잊히지 않는 장소이다.

그만큼 우리 어머니는 자식을 위한 일은 물론, 누구에게나 사랑하는 마음이 크고 깊으신 분이었다. 아버지는 순수한 농군이시면서 동네에서 구장(현 이장) 일을 20여 년간 맡았기 때문에 공직자들이 시도 때도 없이 집을 찾았다. 그때마다 어머니는 그 분들에게 식사 대접을 하셨는데, 지역에서는 그런 어머니의 부덕婦德을 칭송하는 말들이 자자했다. 우리 조상들이 가훈처럼 여긴 '적선지가 필유여경積善之家 必有餘慶', 즉 착한 일을 많이 한 집안은 언제나 경사가 넘친다는 그 가르침대로 어머니는 평생을 적선積善하며 사셨다. 스님에게는 시주를 넉넉히 하셨고, 걸인에게도 먹을 것을 듬뿍 주셨다. 그런 어머니의 후덕으로 우리 집안이 평안하고 번창해 온 것이 아닌가 싶다.

그러고 보면 어머니의 적선하신 삶은 따뜻하고, 넉넉하고, 자애롭고, 아름다운 것 등 모든 위대한 선善이 다 내포된 것이라고 할 수 있다. 이런 어머니의 모상母像을 기리며 이해인 수녀님의 〈눈물 항아리〉를 음미해 본다.

어머니 그리울 적마다/ 눈물을 모아 둔/ 항아리가 있네// 들키지 않으려고/ 고이고이 가슴에만 키워 온/ 둥글고 고운 항아리// 이 항아리에서/ 시가 피어나고/ 기도가 익어 가고/ 내가 어떻게 살아야 할지/ 빛으로 감싸 안는/ 지혜가 빚어지네// 계절이 바뀌어도/ 사라지지 않는/ 이 눈물 항아리는/ 어머니가 내게 주신/ 마지막 선물이네 어머니! 정말로 사랑했습니다. 이제는 세상에서 시리고 아픈 기억들을 모두 내려놓으시고, 천국에서 영원한 안식을 누리시길 두 손 모아 기도드립니다.

(2016)

안중근安重根 의사

2015년 3월 26일은 안중근 의사가 중국 뤼순에서 순국한 지 105주년이 되는 날이다. 그날 나는 남산에 우뚝 선 민족의 영웅 안중근 의사의 동상을 바라보며 "안중근 의사는 우리 가슴 속에 살아 있다."고 외쳐 보았다.

1909년 10월 26일, 안중근安重根(1879~1910) 의사는 만주 하얼빈 역에서 일본의 내각 총리대신이자 조선통감이었던 이토 히로부미伊藤博文(1841~1909)를 저격함으로써 일본 사회에 큰 충격을 주었을 뿐만 아니라 세계적으로 큰 파장을 불러일으켰다. 이등박문은 한국을 일본에 합병시키는 데 기초를 닦은 우리 민족의 원흉이다. 안중근 의사는 1909년 10월 26일 오전 9시

30분쯤 러시아의 재무장관 코코프체프와 회담 후 러시아 군대의 사열을 마치고 열차로 돌아가던 이등박문을 불과 10여 보 떨어진 지점에서 벨기에제 브라우닝 반자동 권총 M1900의 방아쇠를 당겼다. 세 발의 총탄이 각각 원흉의 가슴과 흉부, 그리고 복부에 명중됐고, 이등박문은 그 자리에서 고꾸라졌다. 안 의사는 나머지 4발 중 3발은 수행 비서관, 하얼빈 주재 일본 총영사 가와카미 도시히코, 궁내대신 비서관 오리다이지오 그리고 남만주철도주식회사 이사장인 다나카 세이타로田中淸太郎 등에게 중상을 입혔고, 마지막 한 발은 발사하지 않았다. 이 한 발에 대해 다나카 이사장은 안중근 의사의 인격을 상징하는 것이라고 하면서 평생 가장 감동적인 일이었다고 말했다.

안 의사는 거사를 마친 후 러시아어로 '코레아 우라', 즉 '대한민국 만세'를 세 번 외치고 태연자약하게 러시아 헌병 장교 미치올클로프에 의해 체포되었다. 그 자리에서 안 의사는 "내 이름은 안응칠, 연령이 31세, 대한의 군 참모중장 겸 특파 독립대장으로 독립 전쟁 중 적의 괴수를 처단, 응징한 것"이라고 밝혔다. 그는 일본 영사관에 인계되어 지하 감방에 구금되었다. 1909년 10월 30일, 안중근은 1차 검찰 심문에서 이등박문을 죽인 이유 15가지를 논리적이고 당당하게 그 죄상을 밝히면서 한국 독립의 회복과 '동양 평화의 유지'를 주장했다.

안중근 의사는 옥중에서 자신의 떳떳한 일생의 행적을 〈안응칠 역사安應七歷史〉라는 자서전과 〈동양평화론〉을 집필하기 시작했고 '國家安危勞心焦思국가안위노심초사'와 '爲國獻身軍人本分위국헌신군인본분'을 비롯한 유묵 64여 종을 썼다. 이 중에서 보물 제569호로 지정됐고, 제569-2호인 '一日不讀書口中生荊棘'(일일부독서구중형극: 하루라도 책을 읽지 않으면 입 속에 가시가 돋는다.)에는 하나같이 '大韓國人安重根'의 단지장인이 찍혀 있다. 그리고 안중근은 2월 17일 고등재판장 히라이시를 면담하는 자리에서 동양평화론을 설파하기도 했다. 3월 26일 사형이 집행됨으로써 동양평화론 집필을 완성하지는 못했다. 안 의사는 서문에서 하얼빈 의거를 동양평화를 위한 전쟁이라고 말하고 동양평화론이란 한 · 중 · 일 3국이 각각 독립을 유지하면서 상호 부조하여 서세동점 서구 열강의 식민주의에 대응하는 체계를 만들 수 있다는 방법론까지 제시하고 있다.

재판은 안중근 의사에게 또 다른 의미의 대일 투쟁인 셈이었다. 그러나 일제는 안중근 의사의 재판을 한국 침탈의 정당화를 위한 기회로 이용하려고 하였기 때문에 한국외대 이장희 교수는 안중근 재판은 처음부터 불공정하게 집행되었다고 주장했다. 즉 안중근 의거는 일제의 주권 침탈에 대한 민족 독립권 회복과 동양 평화를 위한 의병 운동의 일환이다. 안중근은 조직화된 의병의 참모중장으로서 교전 자격이 있고 국제법상 국민병에 속한다. 국제 인도법, 특히 1899년 헤이그 육전법 및 부속 규칙(포로 규정)을 적용, 일본 변호인도 이에 동의하였다. 안중근 재판은 일제의 한국 사법권 침탈이라고 주장하였다. 또한 명순구 교수는 재판 관할권이 일제의 관동도독부 지방 법원에 속한다고 볼 수 없다는 점, 적용해야 할 법은 일제의 법률 또는 국내 형법이 아니라 국제법이라는 점, 안중근은 군인이었으므로 '흉한'이라고 부를 수 없는 법적 이유가 있다는 점을 들어 재판의 잘못을 지적하고 있다.

당시 남만주철도주식회사의 이사장이었던 다나카 세지로는 "당신이 지금까지 만난 각국의 사람들 중에서 누가 가장 훌륭한 사람이었느냐?"는 질문에 "분하지만 그 사람은 안중근이다."라고 대답했다. 당시 일본 상황으로서는 안중근만큼 미워해야 할 사람도 없을 텐데 말이다. 또한 히라이시 뤼순 고등법원장이나 검사·판사·간수 등 안중근을 대했던 사람들은 모두 그를 존경했다. 사형수이면서도 우국지사의 대우를 받았으며, 히라이시 고등법원장은 '爲國獻身軍人本分위국헌신군인본분', 곧 '나라를 위해 몸을 바치는 것은 군인의 본분'이라는 뜻을 가진 안중근 의사의 휘호를 가보로 보관할 정도였다고 한다. 또한 도쿄대학 교수인 고무로 나오끼의 저서 ≪한국은 있다≫에서, 일본인 입장에서 그렇게 얄미울 수 없었던 우리 민족의 영웅 안중근 의사를 "분하지만, 그 사람은 안중근이다."라고 인정하며 그를 존경했다.

도대체 안중근 의사는 어떤 인물인가. 안중근은 대한제국의 의병장이며 정치 사상가다. 그는 황해도 해주에서 안태훈의 장남으로 태어났다. 본관은 순흥이며, 고려조의 유학자 안향의 26대손이다. 그가 태어날 때 등에 검은 점 7개가 있어 북두칠성의 기운으로 태어났다는 뜻으로 응칠이라 불렀다. 소년기에는 말타기와 활쏘기를 즐겼고 집안에 드나드는 포수꾼들의 영향을 받아 사냥하기를 즐겨 명사수로 정평이 났다. 그리고 19세 때인 1896년 7월, 황해도 안악군의 매화동성당에서 세례(본명 토마스)를 받았다. 천주교를 통해서 신학문에 관심을 가졌으며 프랑스 외방선교회 빌렘 신부(한국명 홍석구)에게 프랑스어를 배우기도 했다. 그는 독실한 가톨릭 신앙을 가졌으며 김아려와 혼인하였다. 그리고 어머니 조 마리아 여사 역시 철저한 가톨릭 신앙으로 무장된 분이다.

안중근 의사의 죽음은 남달랐다. 그가 사형 선고를 받은 날 빌렘 신부는 주교의 반대에도 불구하고 뤼순감옥으로 가서 안 의사에게 고해성사와 성체성사를 주었다. 사형이 집행되던 3월 26일 오전 10시 바로 그 시각에는 서울 명동성당과 황해도 신천성당에서 안 의사를 위한 미사가 봉헌되었다. 안 의사는 이렇게 유언했다. "내가 죽은 뒤에 나의 뼈를 하얼빈 공원 곁에 묻어 두었다가, 우리 국권이 회복되거든 고국으로 반장해 다오. 나는 천국에 가서도 또한 마땅히 우리나라의 회복을 위해 힘쓸 것이다. 너희들은 돌아가서 동포들에게 각각 모두 나라의 책임을 지고 국민 된 의무를 다하여 마음을 같이하고, 힘을 합하여 공로를 세우고 업을 이루도록 일러다오. 대한 독립의 소리가 천국에 들려오면, 나는 마땅히 춤추며 만세를 부를 것이다." 안 의사의 유해를 아직도 찾지 못하고 있으니 참으로 안타까운 마음 금할 길이 없다.

안중근 의사의 사형 선고 소식에 어머니 조 마리아 여사는 짧고 단호한 편지를 썼다.

만약 늙은 어미보다 먼저 죽는 것을 불효라 생각한다면, 이 어미는 웃음거리가 될 것이다. 너의 죽음은 너 한 사람의 것이 아니라 조선인 전체의 공분을 짊어지고 있는 것이다. 네가 항소를 한다면 그것은 일제에 목숨을 구걸하는 짓이다. 네가 나라를 위해 이에 이른즉 딴맘 먹지 말고 죽으라. 옳은 일을 하고 받은 형이니 비겁하게 삶을 구하지 말고 대의에 죽는 것이 어미에 대한 효도이다. 아마도 이 편지가 이 어미가 너에게 쓰는 마지막 편지가 될 것이다. 여기에 너의 수의를 지어 보내니 이 옷을 입고 가거라. 어미는 현세에서 너와 재회하기를 기대치 않으니, 다음 세상에는 선량한 천부의 아들이 되어 이 세상에 나오너라.

아들의 수의를 지으면서 천주교 신앙인이지만 어머니의 마음은 얼마나 아리고 아팠을까. 참으로 안타깝고 존경스러운 어머니이며, 과연 순교자 안중근의 어머니다운 훌륭하고 거룩한 분이라고 극찬하고 싶다.

김수환 추기경은 "안 의사의 의거는 가톨릭 신앙과 상치된 것이 아니라 오히려 그 안에서 우러나온 것이며, 신앙심과 조국애는 분리될 수 없는 것으로서, 일제의 무력 앞에 민족의 존엄과 국권을 지키기 위해 행한 모든 행위는 정당방위와 의거로 보아야 한다."고 평했다. 안 의사가 신앙인으로서 보여 준 모습과 교회에 대한 헌신, 그리고 현대에 적용하여도 손색이 없는 위대한 이론인 동양평화론, 일본인들까지도 감화시킨 그의 인격은 우리가 되새기고 공경해야 할 덕목이 아닌가 생각된다.

1999년 ≪의사 안중근≫이라는 글을 펴낸 S 신부는 안 의사는 "몸으로 완성한 실학의 맥이며", "한국의 모세"이고 선교 열정의 측면에서 "한국의 사도 바오로"라고 극찬했다. 고려대 노길명 교수는 안중근을 독실한 천주교 신앙과 애국심을 조화시킨 인물로 평하였고, 미래사목연구소 황종률 박사는 이등박문의 암살을, "정의의 하느님의 뜻에 따라 협력한 것으로 하느님의 물음에 대한 답"이라고 했다. 김삼웅은 안중근의 동양 평화 제안을 유럽 공동체EU와 같은 것으로 평가했다. 청산리 대첩의 주역 김좌진은 안중근의 의거에 영향을 받았다고 한다.

민족의 영웅 안중근 의사로부터 오늘 우리가 본받아야 할 큰 가치는 순교로써 하늘을 공경하고 민족을 사랑하는敬天愛人 사상이다. 즉 신앙인답게 자신의 신념을 목숨을 걸고 실천했다는 것, 그 정신은 오늘에 사는 젊은 영혼들의 가슴속에 영원히 살아 있다. 영국의 작가 새뮤얼 버틀러는 "잊히지 않는 자는 죽은 것이 아니다."고 말했다. 떠난 사람의 믿음 속에서 남은 사람의 기억 속에서 삶과 죽음은 영원히 연결되어 있기 때문이다.

러시아어로 꼬레아 우라! 대한민국 만세!

(2015)

남북 경협南北經協

얼마 전 나는 (사)남북경협국민운동본부 회원의 일원으로 중국 단동丹東 지역에 다녀왔다. 단동은 북한의 신의주와 압록강을 사이에 둔 교역의 관문이다. 우리는 3박 4일간에 걸쳐 많은 것을 보고 느끼고 생각하는 시간을 가졌다.

1988년 노태우 정부의 7·7선언 이후 2008년 남북 경협은 금강산 관광이 중단되고, 2010년 3월, 천안함 사태로 말미암아 5·24제재조치가 발효됨으로써 개성 공단 업체를 제외한 남북 간의 모든 교류가 중단되었다. 이는 북중 간의 경제 교류를 촉발시키는 계기가 되었고 북한의 대 중국 의존도를 심화시키는 결과를 가져왔다.

북한의 대 중국 교역은 광물자 수출이 97%를 차지하며, 2008년에 27억 달러 수준에서 2012년에는 59억3,054달러 규모로 크게 성장하였다. 북한산 광산물의 대 중국 수출 확대는 중국의 지하자원 수요 증대가 그 원인으로 평가되며 중국 기업들이 북한의 부존자원 개발에 본격적으로 진출하고 있는 바, 이는 중국의 화력발전소에 소요되는 석탄 수요가 증가하기 때문이다. 북한은 다양한 품목을 중국에서 수입하며 특히 원유 도입은 2010년 525,443톤, 2012년 525,360톤으로 거의 중국에 의존하고 있는 실정이다.

우리나라는 5·24제재조치로 인해 남한 기업의 대북 투자가 중단되면서 북한의 외자 유치에 있어서 중국 의존도가 더욱 높아졌다. 중국의 북한 투자는 광물자원 개발에 역점을 두었고 매장량이 풍부하고 개발 잠재력이 높은 철광, 금광, 석탄광, 동광을 중심으로 투자를 확대하였다. 즉 무산철광, 상농금광, 혜산청년동광, 덕천철광, 은파아연광산 등에 중국 기업들이 생산 설비에 투자하고 노동자들에게 생활용품을 제공하며 그 대가로 광산물을 중국으로 반입, 판매하고 있다. 이처럼 중국은 자원 개발에 집중할 뿐 아니라 제조업, 유통업, 수산업 등에도 투자가 이루어지고 있다. 2005년 10월 대안친선유리공장 건설비로 2,400만 달러를 무상 원조하여 하루 200톤의 유리를 생산할 수 있는 규모를 건설하였다. 그리고 중국 기업들이 북한에 합영회사를 설립하고 성과를 거둔 분야는 컴퓨터, 건설자재, 가구, 전기, 자전거, 가축사료 등의 사업이다.

중국 정부는 2010년 들어 동북 3성의 개발 과정에서 북경 접경 지역의 연계 개발, 산업 기반 시설에 대한 투자 확대와 2012년 나진 지역, 신의주 인근의 황금평(14.4km²)과 이성계의 위화도 회군의 역사 속에 묻힌 이곳을 경제 특구로 하여 공동 개발 계획을 발표했지만 현재까지 답보 상태에 있음을 목격할 수 있었다. 또한 중국 단동과 남신의주를 연결하는 신 압록강대교를 중국 정부가 교량 공사를 위해 20억 위안 이상을 투자, 완공하였으나 개통을 하지 못하고 있다. 아마도 김정은 체제의 핵 실험 몰두와 장성택 처형 등 북중北中 관계가 냉랭해진 이유 때문이 아닌가 싶다.

중국의 고도 경제성장에 따른 교역과 투자는 자원 인프라 및 노동력을 활용하려는 중국의 필요가 작용하고 있다. 이처럼 북한 경제의 대 중국 의존도가 심화되는 것은 국제사회의 경제제재에 대응한 전략인 것으로 보인다.

북한의 외자 유치는 중국 비중이 대부분을 차지하며 2000년대에 들어 프랑스, 독일, 네덜란드, 이집트, 싱가포르, 중동 등의 투자도 유치하였다. 대표적인 투자 사례는 북한 무선 이동통신

사업권을 확보한 이집트 오라스콤Orascom Telecom이 주목되고 있으며, 5·24제재조치로 남북 관계가 악화됨에 따라 남한 기업의 대북 투자가 중단된 이후 중국에 대한 의존도가 크게 역작용하고 있는 실정이다.

그러니까 북한의 지하자원, 기간산업의 개발권이 중국 기업에 과도하게 넘어가는 우려가 증가하고 있다. 나선, 신의주의 북한 접경 지역에서의 산업 인프라 구축과 중국의 영향력 확대는 상호의존적이기보다는 북한의 대 중국 종속 형태를 벗어나지 못하고 있다는 해석이 가능하다.

2015년 새해 들어 정치권과 언론을 통해 통일 논의가 확산되고 있다. 하지만 최근 몇 년간 남북 관계와 한반도 정세가 퇴보된 모습이었다. 특히 경제 교류는 개성 공단이 중단되었으며, 남북 간에 안보적 긴장과 북핵 문제의 미결이 대북 정책을 둘러싼 국내의 갈등을 증가시킴으로써 남북 경제 교류 협력을 위한 논의는 악화되었다. 2012년 북한과 중국의 경제 교역은 59억 3천만 달러를 기록한 반면, 개성 공단 임가공을 위주로 한 남북 교역은 19억7천만 달러에 머물러 북중 무역의 1/3수준에 불과하다.

그러므로 남북한 경제 협력 사업 확대를 위해서는 남북 정상회담이 이루어져 5·24제재조치의 해제와 북한의 비정상적인 북중 경협을 남한으로 돌려 균형적으로 추진되어야 할 것이다. 하버드대 에즈라 보겔 교수가 말한 "남북 간의 점진적인 적응"을 통한 남북 관계의 균형적 경제 발전이 곧 통일로 가는 지름길이 되기 때문이다.

(2015)

유교 자본주의의 한계

지난 2월 25일, 제15대 대통령 취임식이 있었다. 우리나라 정부 수립 50년 만에 처음으로 여·야간 민주적 정권 교체가 이루어짐으로써 이 땅에도 민주주의가 한걸음 성숙되어 가는 계기가 된 것 같다. 그런데 새 정부 출범 하루를 넘기기도 전에 국회만은 국무총리 임명 동의안과 추경 예산안 등 시급한 민생 문제를 거들떠보지도 않은 채 오직 당리당략에만 여념이 없는 구태의연한 국회 운영으로 국민들을 실망시키고 있다. 조선시대의 당파 싸움과 무엇이 다른가 말이다. 한심스럽기 짝이 없다. 이 같은 국회의원들의 작태를 보고 가뜩이나 경제적 난국에 고통받고 있는 국민들은 비생산적이고 비능률적인 국회의 무용론까지 말하고 있다.

나는 스위스를 비롯한 유럽 국가의 의원 사무실에 간 적이 있다. 그들은 자전거로 출근하여 비좁은 의원 집무실에서 비서도 없이 아침 식사를 빵과 커피 한 잔으로 때우고, 정책 개발을 위해서 온종일 자료 수집과 연구에 몰두하고 연중무휴의 국회 회의에 대비하느라 잠시도 쉴 틈이 없었다. 그도 그럴 것이 유권자들은 국회의원의 임기 중에 그들이 내놓은 공약을 얼마나 실천하고 있는가, 또한 국회에 출석은 제대로 하며 발언은 몇 번이나 했는지 일일이 노트에 기록해 두었다가 다음 선거 때 평가 기준으로 삼는다고 했다.

김대중 대통령은 취임사에서 현 경제적 국난을 극복하고 재도약의 새 시대를 열자고 강조하였다. 그리고 이와 같은 국난은 정치, 경제, 사회 및 금융을 이끌어 온 지도자들의 고질적인 정경유착과 관치 금융, 특히 대재벌 그룹들의 경쟁력 없는 문어발식 기업 확장과 방만한 기업 경영에서 초래된 결과라고 했다. 사실이 그렇다. 지금 경제적 국난은 두말할 필요도 없이 정치하는 지도자들, 대기업을 운영하는 재벌 그룹 총수들이 저지른 잘못 때문이다.

얼마 전 프랑스 시사 주간지는 "GDP의 절반을 잃어버린 한국은 10년을 후퇴했다."고 전제하면서 "그들 재벌 총수들이 유리와 철강으로 지어진 빌딩 속에 갇혀서 경호원에 둘러싸여 있었고, 참모들이 외부 세계와 필터 역할을 했으며, 그들은 스텝진에게 우상숭배에 가까운 경배를 받으면서 세계 최고의 갑부 행세를 하는 등 옛 황제처럼 살았다."고 신랄하게 혹평한 바 있다. 사실 우리 경제가 이토록 난국에 처한 까닭은 두말할 필요도 없이 정치 지도자들의 정경 유착에 의한 안이하고 비합리적인 경영 방식으로 기업을 이끌어 온 탓이다. 그리고 보다 근원적인 문제는 우리 사회의 사회 · 문화적 조직 원리가 전통적인 혈연 중심의 가족주의적 가치 체계가 '집단 내적 폐쇄성'으로 작용하고 있기 때문이 아닌가 싶다.

일본의 후꾸야마는 한국이 가족주의적인 '저 신뢰 사회'로서 집단내적 폐쇄성 때문에 대규모 기업으로서의 발전은 일정한 한계가 있다고 했다. 기업은 가족주의적 소유 및 지배를 위한 운영 논리로 활용되어 한국 자본주의의 구조를 왜곡시키고 있기 때문이다. 즉 한국의 가족주의는 유교적인 부계 혈연적 종법 원리에 의한 가족공동체 중심의 인륜 관계를 원형으로 하며 그로부터 발전된 폐쇄적 특수주의의 집단 형성 원리라고 규정될 수 있다. 곧 '유교적 자본주의의 한계' 라고 할 수 있다.

미국의 경제학자인 로스토는 한국이 그동안 괄목할 만한 경제성장을 이룩한 것은 유교 자본주의의 모델로서 아시아의 기적이라고 긍정적인 평가를 하였지만, 실제에 있어서 우리의 현실은 유교 자본주의의 한계가 아닌가 생각된다. 폴 크루그먼은 한국을 비롯한 동아시아의 경제성장이 실제 이상으로 과대 평가되었다는 부정적인 시각이다. 한편 삭스는 아시아의 금융 위기는 일시적인 현상이며, 과거와 같이 아시아는 재등장한다고 주장한다. 어떻든 한국에서는 폴 크루그먼의 문제 제기를 되새기며 정부, 금융기관, 재벌 그룹의 구조 전환을 통해 재기해야 한다는 분위기가 지배적이다.

그러므로 새 정부는 21세기를 앞두고 나라를 바로 세우기 위해 개혁하는 정부가 되어야 한다. 그러기 위해서는 '물보다 진한 피'와 '팔은 안으로 굽는다'는 식의 우리나라 전통적인 가족주의적인 집단 내 폐쇄성을 타파하는 정신 혁명이 있어야 할 것이 아닌가 싶다.

(1998)

비경 호아루Hoa Lu

가을은 남성의 계절이라고 했던가. 지난해 10월 15일, 그 가을의 길목에서 어딘가로 훌쩍 떠나고 싶었던 차에 불현듯 베트남 하노이에서 개최된 AOTCA* 총회에 참가했다. 베트남은 내가 1967년 콜롬보 플랜에 따라 인도 뉴델리의 국제자유노련 아세아노동대학에서 연수를 마치고 귀국길에 호치민 시(옛 사이공시)에 나흘간이나 머문 적이 있다. 베트남에서 전쟁이 한참 치열할 즈음이었다. 그때에 얽힌 사연들이 새삼스러워져 격세지감隔世之感이 들었다. 내친김에 옛 사이공 시에도 가고 싶었지만 거리도 멀고 일정 관계도 있어 갈 수가 없었다. 서운하긴 했지만 그때의 추억 속으로 끌려가니 감회가 퍽 깊었다.

총회가 끝나고 만찬장에서 우리 대표들이 무대에 올라가 어깨동무하고 춤을 추며 〈아리랑〉을 합창했다. 각국 대표들도 흥겨워하며 〈아리랑〉이 우리 민족의 아름다운 민요라는 사실을 공감해주었다. 만찬장은 마치 한국인의 날 행사처럼 가슴이 벅찬 분위기였고 우리의 위상을 높인 시간이었다.

이튿날 우리는 닌빈Ninh Binh 지방의 호아루Hoa Lu로 떠났다. 그곳은 베트남 인들이 종교적으로 신성시할 뿐 아니라 미려한 풍광을 자랑하는 낭만적인 곳이기도 했다. 우리는 하노이에서 관광버스를 타고 남쪽으로 2시간 30분 거리에 있는 호아루에 도착했다. 그곳은 10세기경 베트남 봉건 왕조의 첫 도읍지로 968년부터 1009년까지 12년간은 딘Dinh 왕조가, 나머지 1036년까지 29년간은 레 다이 한Le Dai Han왕부터 시작되는 레Le 왕조의 수도였다. 호아루는 1858년 나폴레옹 3세의 다낭 공격으로 인해 1884년에는 전 국토가 프랑스의 식민지가 되고 말았다. 그 후 1973년 파리 휴전협정에 따라 프랑스, 미국 등 외세가 물러갈 때까지 베트남 인들의 독립 정신을 고취시킨 곳으로 그들이 매우 신성시하는 곳이라고 안내원이 설명했다. 호아루에 있는 사원은 매년 3월 10일이면 딘왕과 레왕을 기리는 의식이 열려 많은 순례자들이 찾는다. 도처에서 모여든 관광객들 중에는 아이러니하게도 식민지 통치국이었던 프랑스 관광객이 유독 눈에 많이 띈다고 했다.

우리 일행 15명은 선착장 앞에 있는 식당에서 중식을 마치고 배 바닥의 길이가 3.5m~4.5m의 '삼판sampan'이라 부르는 대나무로 만든 베트남 전통식 배에 2인 1조로 나눠 탔다. 삿갓 모양의 '논non'이라 불리는 전통 모자를 쓴 여 뱃사공은 처음에는 장대로 배를 밀고 가다가 얼마쯤 지나서는 노를 젓기 시작했다. 가을비가 촉촉이 내려 을씨년스러운 가운데 배는 수로를 따라 청옥 빛 강물을 가르며 앞으로 나아갔다. 배들은 우리 뒤를 따라 꼬리를 물고 줄을 이었다. 먼저 간 배에 탄 일행은 돌아오면서 반갑다고 손을 흔들었다. 나도 손을 흔들어 주었다. 강물 위에는 수초가 숨 쉬고 연꽃이 제법 가을 정취를 풍기고 형형색색의 아름다운 꽃들이 향연을 벌여 만추의 즐거움을 더했다. 한 폭의 산수화를 연상하게 했다.

배는 기암괴석의 절벽 옆을 지나 수중석회동굴 속으로 들어갔다. 동굴 안은 전등불을 군데군데 설치해 어둡고 꼬불꼬불한 뱃길을 밝혀 주고 있었다. 동굴의 길이가 최대 320m나 되는데 여 뱃사공은 힘든 기색도 없이 묵묵히 노를 저어 갔다. 유네스코는 그곳의 수중동굴 아홉 군데를 세계문화유산으로 지정했다. 동굴 세 군데를 한 시간 반 동안 구석구석을 완상玩賞하는 재미가 꽤 쏠쏠했다. 그러나 동굴 안은 수로가 좁은 데다가 천장에서

삐죽삐죽 나온 석순 때문에 조바심도 나고 두렵기도 하여 한쪽 손으로는 뱃전을 꽉 잡아야만 했다.

그곳 사람들은 호아루를 '탐콕Tam Coc'이라 부르며 신비스러운 자연 풍광이 하롱베이와 닮았다 하여 육지의 하롱베이라고 부른다. 그 일대는 지질학적으로 중국 남서부의 석회암 지대에 속해 있고, 닌빈에서 시작된 그런 지세가 하롱베이를 거쳐 중국 계림까지 뻗어 있다고 한다. 참 아름다운 비경秘境이 계속 펼쳐져 나는 무아지경에 빠져 들었다.

우리는 배를 타고 수중동굴 속의 수로를 아슬아슬하게 빠져나가는 짜릿함을 느꼈고, 노를 젓는 여 뱃사공의 모습에서 베트남 여인의 강인함과 모성애 상像을 느낄 수 있었다. 말은 통하지 않지만 눈이 마주칠 때마다 종일 햇빛에 그을린 구릿빛 얼굴로 미소 짓는 모습이 매력적이었다. 그녀는 어떤 꿈과 희망이 있기에 그토록 고된 일을 즐겁게 할 수 있을까. 베트남은 관습상 남편은 집안일을 하고 아내는 가족의 생계를 책임져야 한다. 자식의 대학 등록금과 결혼 자금을 마련하려는 알뜰하고 소박한 소망을 가지고 있지 않을까. 아니 그들이 좋아하는 오토바이를 장만하려는 꿈일지도 모른다. 사람은 누구나 꿈과 희망이 있기에 고통을 참고 견뎌내는 것이 아닐까. 고진감래苦盡甘來라 하지 않던가. 내게도 한때 청운의 꿈과 위대한 것을 향한 도전이란 게 있었지 하고 잠시 생각에 잠겨 본다. 미국 뉴욕의 메트로폴리탄 박물관 벽에 "Challenge to greatness(위대한 것을 위해 도전하라)." 고 쓴 퍽 감명 깊은 글귀가 문득 떠오른다. 젊은이들은 그들이 세운 목표를 위해 용감하게 도전함으로써 목표를 성취시킬 수 있지 않겠나 싶다.

그날 그곳에서의 뱃놀이는 마치 저 유명한 중국의 소동파가 적벽에서 뱃놀이를 하며 풍류를 즐기는 모습을 연상하게 한다. 소동파蘇東坡(1036~1101)는 필화 사건으로 죄를 지어 황주의 양자강에 유배돼 있을 때 황주성 밖의 적벽에서 선유하면서 〈적벽부赤壁賦〉라는 대작을 지어 노래했다고 한다. 그러고 보면 〈신곡神曲〉이라는 대작을 남긴 단테나, 정약용丁若鏞의 〈목민심서牧民心書〉라는 대작도 쓰라린 유배 생활이 그 계기가 된 것이 아닌가 싶다. 소동파는 중국 송대宋代의 시인이며 서예가로 손꼽히는 사람이다. 그는 대나무를 사랑했는데 여기 〈어잠승록윤헌於潛僧綠筠軒〉 시詩 한 수를 소개한다.

可使食無肉 고기가 없어도 식사는 할 수 있지만
不可居無竹 대나무가 없으면 살 수 없다네
無肉令人瘦 사람은 고기가 없으면 허약해지겠지만
無竹令人俗 대나무가 없으면 속되게 된다네

人瘦尚可肥　사람은 쇠약해져도 살은 다시 찌울 수 있지만

俗士不可醫　속된 것은 도저히 고칠 수 없다네

적벽부는 소동파가 1082년 가을과 겨울 황주성 밖의 적벽에서 배를 타고 노닐면서 지은 시詩로 그의 인품을 엿볼 수 있는 작품이다.

호아루는 베트남 사람들에게 독립 정신을 고취시킨 곳이다. 그들의 아픈 역사의 족적을 반추해 보는 것도 여간 뜻있는 일이 아니겠는가.

*AOTCA : The Asian-Oceania Tax Consultants' Association. 아세아·오세아니아 세무사협회의 영문 약자. 22개국의 회원 단체로 구성됨.

(2012)

국제정치는 세력 정치인가

미국의 유명한 국제정치학자 모겐소H. J. Morgenthau 교수는 "국제정치는 세력 정치power politics"라고 말한 바 있다. 우리는 반세기 전 6·25한국전쟁을 겪었으며 이 전쟁은 마치 세력 정치의 본보기라고 할 수 있다. 이는 냉전 시대에 있어서 동서 세력의 양극화 현상, 즉 미 · 소의 대립 현상에서 비롯되었다고 할 수 있다. 6·25는 당시 북한이 우월한 군사력을 이용해서 동족을 상대로 일으킨 전쟁으로, 전 국토가 황폐화되고 수백만의 사상자와 이재민을 낳았다. 이와 같은 동족상잔의 참상이 재발되지 않도록 하기 위해서는 국력을 강화해야 할 것이며 이념 논쟁은 그만두고 국론을 통합시켜 전 국민이 뭉쳐야 한다. 일반적으로 전쟁 도발은 경제적 · 정치적 · 민족적 · 심리적 · 종교적 요인이 혼합된 경우가 많은데 역사가 이를 증명하고 있다.

얼마 전 행정안전부가 우리나라 전국의 중 · 고생 1,016명을 대상으로 안보의식 실태조사 결과를 발표했는데 참으로 기가 막힌다. 중 · 고생 절반 이상이 6·25전쟁이 북한의 남침으로 시작됐다는 것을 모르고 있다는 사실이다. 더욱 한심스러운 것은 우리 안보에 가장 위협적인 국가로는 미국을 지목한 학생이 28.4%로 가장 많았고, 일본이 27.7%, 북한은 24.5%, 중국이 13.0% 순으로 나타났다. 이처럼 학생들이 잘못된 인식을 가지고 있는 이유는 무엇일까. 두말할 필요도 없이 그동안 정부의 교육 과정이 안보 교육을 도외시한 결과라고 생각할 때 개탄스럽기 짝이 없다.

그런데 최근 새로운 냉전 시대를 방불케 하는 징후라고나 할까, 러시아의 그루지야 침공 사태는 새로운 냉전 시대가 오고 있는 것이 아닌가 착각할 정도였다. 십여 년 전까지만 해도 소비에트 연방으로 군림했던 러시아가 베이징 올림픽이 열리고 있는 기간에 러시아군이 탱크 부대를 앞세우고 그루지야의 남 오세티아와 입하지야 두 곳을 무차별 침공하는 모습을 TV 화면을 통해 볼 수 있었다. 그리고 러시아 대통령은 미국 · 유럽 등 서방 국가들의 경고와 반대에도 아랑곳하지 않고 러시아 성향 두 곳의 독립을 승인하는 포고령에 즉시 서명했다. 이에 대해 〈월스트리트 저널〉은 "미국이 이라크와 아프카니스탄에 묶여 있는 틈을 노려 카프카스 지역에서 과거의 입지를 회복하고 서방의 영향력 확대 시도에 분명한 선을 그으려는 것"이라고 분석했다. 또한 러시아는 다음 목표물로 우크라이나와 아제르바이잔이라고 했다. 이제 러시아가 본격적인 신 냉전 시대의 주역이 되려는 용트림이 아닌가 예측하게 된다.

우리는 미국과 동맹 관계를 유지하고 있지만, 세계화 시대에 있어서 지정학적으로 볼 때 제국주의 시대의 망령亡靈이 되살아나 보이는 중국 · 일본 · 러시아 등의 강대국 틈에서 우리 민족의 생존권을 어떻게 보장할 것인지 참으로 우려되는 것도 사실이다. 앞으로 한 · 중 · 일 3국간 협력의 필요성은 더욱 커질 것이며, 한 · 미 · 일 3각 공조를 통해 동북아 세력 균형에서 우리의 입지를 확보해야 함은 물론이다. 그렇지만 한 나라의 절대적인 생존권이란 결코 다른 나라나 또는 국제기구에 의해서도 보장될 수 없다는 역사적 사실을 기억해야만 할 것이다.

중국은 베이징 올림픽이 끝나자마자 후진타오 국가 주석이 한국을 방문하고 정상회담을 통해 한 · 중 간 전략적 협력 동반자 관계를 구체화하고, 북한 핵 문제 해결을 위한 협력도 같이 하기로 했다. 한 · 중 양국은 정치, 경제, 사회문화, 지역 및 국제 협의 4개 분야에서 34개 협력 사업 계획을 내놓았다. 이 사업들이 약속한 대로만 충실히 진행된다면 양국이 동반자로서 새로운 관계가 형성될 것으로 기대해 본다. 그러나 중국 내 반한 감정이 석연치 않게 들린다. 예를 들면 중국은 한국과 일본 경기에서 응당 한국 선수들에게 응원할 줄 알았는데 그 반대였다. 그 외 네티즌 웹 사이트의 여러 가지 괴담, 동북공정에 대한 역사 시비 등은 그들의 자존심과 내셔널리즘적 내심에 불편하게 느꼈을지 모른다.

이어령 교수는 베이징 올림픽 개막식을 보고 화려하고 웅대한 중화中華를 마음껏 뽐낸 '한여름 밤의 꿈'이었다고 했다. 그러나 그들 자국 문화를 과시하는 우월 의식 뒤에는 열등의식이 숨어 있기 마련이고, 우리 모두의 함정과 덫이 베이징 올림픽에서도 알게 모르게 새어 나온다는 이야기다. 중국이 공격적인 민족주의의 길로 나갈 경우 국제 정세는 매우 불안정해질 것이고 중국과 미국은 대결 구도로 갈 것이라고 보는 관측이 지배적이다.

한편 일본은 독도가 자기네 영토라고 억지 주장하고 있다. 일본은 17세기 에도막부가 독도는 조선령이라고 인정한 사실, 메이지 정부 초기에 조선령이라고 인정한 사실까지도 숨기면서 또다시 군국주의 길로 나가려는 속셈인가 말이다. 우리는 독도를 분쟁 지역으로 몰고 가려는 그들의 노림수에 넘어가서는 안 되며 차분히 대응하는 자세가 필요하다고 본다.

한편 미국은 9월 중 일본 도교 부근 요크스카橫須賀항에 원자력 추진 항공모함 '조지 워싱턴호'를 배치할 예정이다. 일본에다 미국의 핵 항공모함이 배치되는 까닭은 무엇인가. 한마디로 말하면 미국은 중국과 대결할 것이기 때문에 중국의 해양 전략 견제를 위한 미·일 군사 협력의 가속화로 볼 수 있다. 즉 미국이 일본과 힘을 합쳐 중국 견제를 본격화한다는 사실을 드러낸 것으로 판단되며 핵폭탄 피해국으로서 이러한 조치는 가히 놀라운 일이 아닐 수 없다.

사실 개인이나 국가의 생존 문제를 생각해 볼 때 세계 평화 유지, 보존도 한 개인이나 국가의 생존 이상의 의미를 가질 수 없는 것이다. 따라서 우리 한반도의 평화 유지 정착과 민족의 번영을 위해서는 북한과의 경제 교류를 통한 경제적 통일이 우선적으로 이루어질 수 있도록 새로운 화해 협력 정책이 차분하게 추진되어야 할 것이 아닌가 싶다.

(2012)

Chapter

4

잊을 수 없는 사람들

21세기는 인도양 시대

통일의 새로운 패러다임

잊을 수 없는 사람들

잊을 수 없는 일

도덕성 회복을 위한 소고

한일 세무사 친선 관계

IMF의 교훈

퇴직기 근로자의 태도

삶에 지쳤을 때 잠시 기댈 수 있고, 언제라도 찾아가면 고민을 들어줄 사람이 있다면 행복한 사람이라고 할 수 있을까. 부모님, 친구, 배우자, 자녀, 선생님, 회사 동료 등…. 그런 잊지 못할 사람들을 그리워하며 이 글을 쓴다.

21세기는 인도양 시대

서재에서 책을 정리하다가 빛바랜 사진 한 장을 발견했다. 인도 뉴델리의 수상 관저에서 인디라 간디 수상과 찍은 단체 사진이다. 인도를 영국으로부터 독립시킨 영웅 간디 옹에 이어 초대 수상을 지낸 네로의 외동딸 인디라 간디 수상! 그는 높은 콧대와 하얀 앞 머리카락이 매력적이고 카리스마를 지닌 세기의 여걸로서 준 사회주의 경제정책을 택한 정치 지도자이다. 1966~77년 세 차례나 총리직에 올랐고 네 번째 총리직에 있을 때 펀잡 지역 시크교도의 분리 독립 문제로 갈등이 계속되던 중 1984년 10월 31일, 시크교도인 경호원에게 암살당하고 말았다. 애석한 비보에 깜짝 놀랐고 너무나 마음이 아팠다.

50여 년 전 IHI에 근무할 때였다. 29세에 결혼하여 큰딸아이가 태어난 해, 인도 뉴델리 소재 아세아노동대학에서 콜롬보 플랜*에 의한 연수 프로그램에 한 학기 동안 참가했다. 60년대 해외여행은 여권 발급이 까다로울 뿐 아니라 인도에 간다는 것은 매우 제한적이었다. 그 연수는 영어로 강의하기 때문에 우선 영어 시험에 합격해야 하고, 인도 정부로부터 초청장을 받아 여권 신청과 비자를 낸 후 반공 교육과 소양 교육을 거치는 등 많은 시간이 소요되었다. 그래서 개강일이 2주나 지나서 출발할 수밖에 없었다. 마음고생이 이만저만이 아니었다. 그리고 출국하는 날은 가족과 직장 동료들 이삼십 명이 김포공항에 나와 환송할 만큼 해외여행 그 자체가 하나의 이벤트였다.

나는 김포공항을 떠나 일본 동경에서 1박 후 다음 날 12시 BOAC 영국 항공편에 올라 홍콩 · 랑궁을 거쳐 장장 12시간 만에 뉴델리 공항에 도착했다. 공항 종사원들이 맨발로 다니는 것을 보니 놀라웠다. 먼저 간 동료들의 안내로 대학 근처의 게스트하우스에서 여장을 풀었다. 이튿날 옆집 대문에 붙은 문패를 보니 이름과 직업을 표시하고 있었다. 그것은 인도의 카스트제도에 의한 신분 표시였다. 인도를 발전시키는 데 큰 걸림돌이 되고 있는 것이었다.

대학의 강의 시간은 오전에 노동 경제학 및 노사 관계론의 이론을 듣고, 오후에는 각국의 노사 관계 현황을 발표한 후 토론 시간을 가졌다. 매일 꼬박 8시간씩 공부했다. 마지막 1개월은 전국의 주요 산업체 및 노동조합을 시찰했다. 강사진은 영국에서 공부한 인도, 영국인 박사들로 구성되었다. 식사는 대학 구내 식당에서 아침은 빵과 우유, 계란 프라이 등 양식이었고, 점심과 저녁은 안남미 쌀밥에 양고기, 닭고기에 카레를 발라 먹었다.

주일에는 올드 델리에 있는 성당의 미사에 참석했다. 그리고는 '가나플레이스' 라는 시장으로 갔다. 인도의 대표적인 보석 상가다. 시장 안은 사람들로 붐볐는데, 인도의 웬 젊은이가 내게 다가와 은행보다 높은 율로 환전해 주겠다고 했다. 나는 그 젊은이를 믿고 20달러를 건넸다. 그가 공정 환율이 1달러에 3루피인데 5루피를 환전해 주겠다고 하며 준 돈을 받아 세는 동안 이상한 생각이 들었다. 고개를 들어 그의 얼굴을 보는 순간 그는 시장 안으로 뛰어 달아났다. 바로 뒤를 쫓았지만 비슷비슷한 인도 사람들로 가득 찬 시장에서 그를 찾을 방법이 없었다. 내가 속은 것을 알게 되었지만 별도리가 없었다. 나의 옳지 못한 공짜 심리 때문에 돈을 빼앗긴 것이 부끄럽기 짝이 없었다. 앞으로 기회가 주어진다면 내가 다녔던 대학이 있는 뉴델리의 그린파크와 올드 델리의 가나플레이스를 돌아보고 싶다.

지난 4월 신문에 소개된 내용에, 영국의 〈파이낸셜 타임스〉가

인도와 인도네시아의 중산층이 급증할 것이며 21세기는 인도양 시대가 될 것이라고 전망한 것을 주의 깊게 읽었다. 또한 유엔, 세계은행, 미국 브르킹스연구소는 인구 및 경제 관련 자료를 종합해 볼 때 2030년에 중산층, 경제 규모의 1위 국가는 단연 인도가 될 것이며, 한 해 동안 12조8,000억 달러(약 1경3,952조 원)를 소비할 것으로 추산했다. 2위는 중국(10조 달러), 3위 미국(4조 달러), 4위 인도네시아(2조5,000억 달러), 5위 일본(2조3,000억 달러) 순이었다. 그래서 인도와 인도네시아가 구매력 있는 중산층이 크게 증가하여 아시아 태평양 지역 전체의 중산층 인구가 2030년에 32억2,800만 명으로 급증할 전망이라고 분석한 내용이었다.

그리고 인도의 새 주인이 된 모디 총리에 대해 버락 오바마 미국 대통령은 "인도의 개방 정책을 추진하는 개혁 사령관"이라고 칭송했고, 크레이그 배럿 인텔 회장은 "인도는 세계 기술의 중심지"라고 극찬했다. 중국의 알리바바 회사는 인도 온라인 결제 회사에 5억7천5백만 달러를 투자했고, 일본 IT기업 소프트뱅크도 인도에 10년간 100억 달러 이상을 투자할 것을 밝혔다. 모디 정부 출범 후 일본은 320억 달러, 중국은 200억 달러, 미국은 20억 달러의 투자 계획을 발표했다.

그러면 우리는 어떤가. 한국의 인도 투자액은 48% 감소했다고 한다. 그동안 인도 중산층의 집집마다 삼성, LG전자, 현대자동차의 제품 하나쯤은 모두 보유할 정도로 그 위력은 대단했었단다. 그 저력이 다시 뻗어 나가길 마음으로부터 응원해 본다. 우리는 앞으로 2030년 인도양 시대를 대비하는 정책을 어떻게 세울 것인지, 혹시 안이한 생각에 사로잡혀 있지나 않은지 걱정된다.

총선이 여소 야대로 끝이 났다. 사람들은 모이면 정치 얘기뿐인 것 같다. 그러나 정치가 곧 우리의 모든 것을 해결해 주지는 않을진대 국민들은 환상에 빠지지 말 것이며, 제발 여의도에 입성하게 되면 국민을 주인으로 모시는 정치 철학을 가지고 이번만은 이 땅에 민주주의가 꽃피기를 기대해 본다.

이제 19대 국회가 폐회되었다. 그런데 그동안 제출된 만 건의 법안을 버린 채 떠났다니 참말로 한심스럽기 짝이 없다. 그러고도 세비는 받아 챙겼단 말인가. 양심도 없는 의원 나리들! 제발 국회 무용론이 나오지 않도록 소리 없는 소리에 귀를 기울이길!

우리도 인도양 시대를 대비한 정책에 소홀함이 없도록 해야 할 것이 아닌가.

* 콜롬보 플랜(Colombo plan): 미국 트루먼 대통령이 제창한 후진 지역 개발 계획에 의해 1950년 1월 스리랑카 콜롬보에서 열린 영연방 외상회의가 결정한 동남아시아의 개발 계획임.

(2015)

통일의 새로운 패러다임

금년은 우리나라가 건국된 지 70주년을 맞는 해이다. 그러나 지금까지 우리는 반세기 동안 남북이 분단된 채 정신적 · 물질적 불안과 고통을 겪으면서 부담과 희생이 계속되고 있다. 우리 정부가 설정한 대북 정책은 평화 · 화해 · 협력의 실현을 통한 남북관계의 개선에 1차적 목표를 두고 있다. 이는 한반도에서 평화와 공존에 바탕을 두고 교류와 협력을 통한 평화적 통일의 길을 열어 가는 것을 의미한다.

따라서 김 대통령은 남북 문제 해결의 길은 남북기본합의서의 실천이라고 지적하면서 남북한 간의 화해와 협력은 가능한 분야부터 적극적으로 추진해 나가겠다고 밝혔다. 또한 대통령은 지난 8·15광복절 기념 경축사를 통해 민주주의와 시장경제 발전을 천명하고 민족의 재도약을 위해 '제2건국'을 추진할 것을 강조했다. 제2건국이란 산업화와 민주화의 저력을 바탕으로 민주주의와 시장경제를 완성하기 위한 국정의 총체적 개혁이자 국민운동을 의미한다고 하면서, 이를 실천하기 위해서는 국정 운영의 6대 개혁 과제를 제시하였다. 그중에서 특히 남북 관계에 있어서는 대결주의를 벗어나 확고한 안보의 기반 위에 남북 간 경제 교류 · 협력의 촉진을 강조하였다. 하버드대 에즈라 보겔 교수는, 한반도 통일은 20년 내 어렵다고 전제하면서 가장 가능성 있는 시나리오는 '서로에 대한 점진적인 적응'이며, 북한이 경제를 개방하고 외부 세계와의 적응을 서두르는 변화가 일어날 것임을 예상하고 있다. 또한 군사 전문가 지만원은 '평화통일의 마음'을 '평화공존의 마음'으로 바꿔야 한다면서 통일의 요원함을 주장했다.

아무튼 통일 문제는 7천만 민족의 최대 이익과 목표이며 절실한 염원임에는 틀림없다. 하지만 통일이 결코 쉽사리 성취되리라고는 전망되고 있지 않다. 그리고 통일이 어떤 희생을 무릅쓰고 이룩해야 할 절대선이나 최고의 가치라고 볼 수만은 없다. 따라서 정부가 제2건국을 추진하는 시점에서 통일 문제의 접근 방법으로써 경제적 통일이 우선적으로 추진되어야 한다고 볼 때

통일을 위한 경제 발전의 새로운 패러다임Paradigm은 어떻게 모색되어야 하는가 간략하게 제시하고자 한다.

첫째로, 통일 비용에 연계된 경제정책이어야 할 것이다. 비록 남북통일이 실현된다 하더라도 가장 문제되는 부분은 막대한 통일 비용의 조달이다. 통일 비용을 추정한 연구 사례는 400~3,000억 달러로부터 18,618억 달러에 이르는 엄청난 규모로 매우 감당하기 어려운 문제이다. 따라서 남북한 간 경제 통합을 전제한 정책은 통일 비용을 감축할 수 있는 방향으로 추진되어야 할 것이다. 이를 위해서는 북한의 거시 경제적인 안정화 정책과 사유화와 같은 구조 조정 정책이 지속적이며 일관성 있게 추진되어야 하고, 동시에 남한의 경제 지원과 협력도 치밀한 계획 아래 계속 이루어져야 한다. 비록 IMF 사태로 우리 기업의 대북투자 확대는 어렵지만 경공업 중심으로 해외로부터 철수하는 기업, 구조 조정 대상 기업의 생산 설비를 북한으로 이전하는 구조조정도 고려해 봄직하다.

둘째로, 경제 체제의 통합과 상호주의 원칙을 고수하여야 할 것이다. 북한 경제는 1990년 이래 7년 연속 마이너스 성장을 나타내고 있으며, GNP가 매년 4% 감소하고, 공장 가동률은 평균 30% 수준에 불과하다. 구소련 동유럽권의 몰락과 함께 북한의 경제 파경은 일시적 현상이 아닌 구조적 문제에 기인하고 있다고 평가되고 있다. 일반적으로 사회주의 국가의 체제 변화 및 붕괴 과정은 장기적인 경기 침체, 경제 파탄, 그리고 사회적 통제력의 이완으로 정치적, 경제적 위기가 조성되고 그것이 구체제를 옹호하던 정권의 붕괴로 연결되면서 가속화되었다는 점에서 현 북한 상황은 많은 유사점을 내포하고 있다고 주장되고 있다.

미국과 일본은 북한과의 관계 개선을 통해 북한 경제의 소생을 돕게 되는 계기가 될 것이며, 중국과 러시아도 북한이 정변을 겪거나 붕괴되는 것을 원치 않기 때문에 김정일 정권이 유지되도록 경제적 지원을 베풀 것으로 전망되고 있다. 남한 역시 북한의 경제적 파경과 붕괴는 극심한 부담이 되리라고 믿고 있기 때문에 가능한 한 경제 위기에서 벗어날 수 있도록 경제적 배려를 할 수밖에 없다. 따라서 통일 비용이 최소화될 수 있도록 통일 한국이 지향하는 경제 체제를 설정하고, 통일이 되기 전까지는 남북한 각자의 경제 체제가 허용하는 범위 내에서 경제 개혁을 추진해야 한다.

북한 정권이 현재의 극심한 경제난을 극복하고 생존하려면 중국처럼 대외 개방과 부분적인 사유화를 허용하는 사회주의식 시장경제 체제로 전환하는 수밖에 없다. 물론 남북한의 군사적인 대치 상황 및 북한이 극단적인 폐쇄 사회임을 생각할 때 이러한 전환은 결코 쉽지 않겠지만 그 가능성은 여전히 남아 있으며, 부분적인 시장경제 도입과 대외 경제 개방 조치를 취하고 있음도 분명하다. 남북한이 경제 통합의 조달, 북한 지역의 경제성장 촉진을 위해 사유화 제도는 원칙적으로 도입되어야 하나 경제 통합의 초창기에는 정부 주도하에 추진할 수밖에 없는 분야도 있으리라 본다.

따라서 남한에 있어서도 경제 민주화와 완전한 시장경제 제도를 도입, 개선하는 노력이 행해져야 하며 그런 다음에 경제 통합을 위한 체제 개혁을 유도해야 한다. 또한 남북 관계는 상호주의에 입각해서 남과 북이 자신의 일방적인 주장만을 고집하지 말고 상대방의 의사를 이해하고 존중함으로써 상호 이익을 증진시켜 상호 신뢰 구축 및 안정적인 관계 발전을 도모할 수 있을 것이다. 지난날의 경제 협력을 통해 남한 측의 일방적이고 시혜적인 대북 지원이 남북 관계 개선에 전혀 도움이 되지 못했다는 점도 지적하지 않을 수 없다. 오히려 일방의 승리로 포장되어 선전되고 다른 일방의 실패로 인식됨으로써 남북 관계를 악화시키는 결과를 초래하였다고 지적되고 있다. 남북한 간의 협상에서의 상호주의는 상거래에서 이익만을 추구하는 등가성의 것은 결코 아니다. 남한 측이 지불한 공헌에 대하여 북한도 일정한 수준에 상응한 조치를 취하여야 한다는 것이다. 북한이 요구하는 일방적인 양보는 오히려 북한의 태도를 경직시킬 뿐이기 때문이다. 남한 측이 상호주의 원칙을 견지하면서도 유연성을 갖고 대비하는 것은 동족에 대한 아량과 포용적 대북 자세에서 비롯된 것이다. 다만 인도적 차원에서 행하여지는 긴급 구호의 경우는 국민의 이해 아래 추진시킬 수 있는 아량은 보일 수 있다고 본다.

마지막으로 대북 관계에 있어서 정경분리의 원칙을 조심스럽게 유지하여야 할 것이다. 사회주의 국가에서는 정치가 경제 위에서 모든 것을 결정하기 때문에 정치를 떠나서는 아무것도 생각할 수 없다. 반대로 자본주의 국가에서는 경제가 정치를 조정하고 정치는 경제로부터 많은 영향을 받게 되었다. 우리 정부가 천명한 정경분리의 원칙은 남북한 간 경제 교류 협력을 정치적 상황에 연계시키지 않고 시장경제 원리에 따라 자율적으로 추진하도록 한다는 것이다. 사실 우리 경제의 위기는 외환 위기로 촉발되었으나 보다 근본적인 원인은 정경 유착과 관치 금융을 통해 민간기업 및 금융기관을 자의적으로 보호하고 통제함으로써 자유로운 시장 경쟁을 제한한 데서 연유되었다고 본다. 이제 정부는 민간 차원의 대북 경제활동에 대한 규제를 완화하고 절차를 간소화하여 기업이 자기 책임 아래 남북 경제 교류 · 협력을 할 수 있는 여건과 환경을 조성해 주는 방향으로 노력해야 하며 정치적 배려는 가능한 한 축소하여야 한다.

정경분리 원칙에 의한 대북 정책 추진은 남북 경제 협력을 활성화하여 남북 간의 화해 협력을 도모함으로써 북한이 스스로 변화할 수 있는 여건을 조성하는 데 기여할 수 있을 것이다. 새로운 대북 정책의 기초는 북한 주민에 대한 적극적인 포용 정책에 중점을 두어야 한다. 그러나 북한이 우리 정부를 배제한 가운데 민간기업들만 상대하면서 정경분리 원칙을 그들의 정치적 목적을 위하여 악용할 우려가 있음을 지적할 수 있다. 이처럼 우리가 정경분리의 원칙을 유지한다 하더라도 최근 북한 체제는 내각제에 의한 부분적인 경제 개혁을 통한 경제정책의 탄력적인 운용이 시도될 것이라는 시각도 있겠으나, 김정일이 정치·군사·경제 역량을 통솔 지휘하는 국방위원장에 추대됨으로써 그 기능이 강화되어 물리력에 의한 체제 유지를 취하게 될 것으로 미루어 보아 한반도의 평화 정착과 자유민주주의의 수호를 위한 안보 체제를 더욱 공고히 하여야 할 것이다.

통일이 우리 민족의 절신한 염원이기는 하지만, 어떤 희생과 무슨 수단과 방법을 통하여 최우선적으로 이룩해야 할 절대선이나 최고의 가치가 아님을 알아야 한다.

(1997)

잊을 수 없는 사람들

삶에 지쳤을 때 잠시 기댈 수 있고, 언제라도 찾아가면 고민을 들어줄 사람이 있다면 행복한 사람이라고 할 수 있을까. 부모님, 친구, 배우자, 자녀, 선생님, 회사 동료 등…. 그런 잊지 못할 사람들을 그리워하며 이 글을 쓴다.

나는 1964년 7월 31일 자로 우리나라가 최초로 세운 철강 공업인 IHI 인천공장 노무과 말단 사원으로 발령받아 근태 담당 일을 맡았다. 그 일은 고졸 출신 수준이면 가능한 직무다. 그러므로 나로서는 그런 불합리한 인사 명령에 대해 실망이 컸다. 그 일을 접고 대학 연구 조교로 다시 갈 생각도 했었다. 하지만 그 회사가 기간산업이라는 점에서 자부심도 가질 수 있는 심정이

작용했을지도 모른다. 그러나 그 일이 나에게 있어 불합리한 인사 명령이라는 사실을 어떻게 감내해야 할지 대책이 서지 않았다. 그래서 안주머니에 늘 사직서를 넣어 가지고 다녔다.

코파스Kopas 박사는 "조직의 구성원이 적재적소에 배치가 안 되면 자기의 잠재 능력은 30%밖에 발휘되지 않는다."고 했다. 가장 행복한 사람이란 어떤 사람인가. 미국의 리처드 웨스터필드는 어렸을 때부터 음악을 좋아해서 20세부터 지휘자가 되었지만, 부모의 강권으로 경영학을 공부해 높은 연봉을 받는 금융 회사의 임원이 되었다. 그는 부모의 사망 후 소득은 작지만 자기가 좋아하는 지휘자로 다시 직업을 바꿨다고 한다.

요즘 우리 사회에서도 가치관의 변화가 나타나고 있다. 얼마 전 이름 난 디자이너이자 대학 교수인 ㄹ씨가 자기가 좋아하는 일을 시작하기 위해 레스토랑을 개업하여 주방에서 직접 요리하는 일을 한다고 신문에 소개된 적이 있다. 그런 이들은 세상에서 명예나 부귀영화를 탐내며 살아가는 현대인들에게 돈, 명예, 권력은 때가 되면 한낱 물거품이 되고 말 것이라는 엄연한 진리를 깨달은 것이었다. 진정 행복한 사람은 창조주를 믿고 따르며, 자기가 하고 싶은 일을 하며 즐거운 마음을 가지고 살아가는 사람이라는 것을 환기시켜 준다.

나는 직장에 대한 갈등이 좀처럼 진정되지 않았다. 그러다가 시간이 지날수록 좋은 친구들을 만날 수 있었다. 잊을 수 없는 '인목회仁睦會' 친구들이다. 친구 따라 강남 간다고, 사실 친구가 될 수 있는 사람만이 친구를 얻을 수 있다고 하지 않던가 말이다. 그 당시 내 마음을 잡을 수 있었던 것은 반세기 동안 친구이자 형제처럼 지낸 사람들이 있었기 때문이다.

그중에서 특히 김복룡 씨! 그 친구는 내가 첫 출근하던 날 그의 성품이 늘 그랬듯이 점심시간이 되자, 나에게 "점심하러 갑시다." 했고, 나는 "예, 그럽시다." 하고 따라나섰다. 그래서 회사 정문 앞 중국집에 갔다. 우리는 자장면을 시켜 먹으면서 이런저런 얘기를 나눴고, 점심 값은 그 친구가 지불했다. 그의 따뜻한 마음씨가 내 머리에 각인되었고, 회사에 나가면 그 친구가 좋아서 늘 점심을 같이하곤 했다. 그 친구가 있는 곳에 내가 있을 정도로 붙어 다녔다.

그렇게 해서 직장 생활에 적응했고, 그 친구와의 추억은 지금도 생생히 기억된다. 특히 내가 김포에서 국회의원에 출마했을 때 선거 사무총장을 맡아 주었다. 고생이 참 많았지만 서로 의지했다. 친구와 술은 오래된 것일수록 좋다고 했던가. 그와의 인연은 우연만은 아닌 듯싶다. 우리의 만남은 이 땅에 태어나기 전부터 정해진 것이라 해도 좋을 듯싶다. 두 마리 용龍이 만났고, 최근에는 삼룡三龍이 모두 모였으니 그야말로 상서祥瑞로운 징조가 아니고 무엇이란 말인가. 진정한 친구란 자기 자신을 내어 줄 차비가 되어 있는 사람, 그래서 친구는 또 그를 신뢰하며 무엇이든지 청할 수 있지 않을까 싶다. 진정한 친구에게는 무엇이나 다 주고, 자기를 필요로 하는 거기에 언제나 있는 것이 아닌가 싶다.

그리고 인간미가 넘치는 김익환 씨! 그 친구야말로 과묵하고 한결같은 친구 중의 친구다. 그는 안중근 의사의 후손인 대한민국 광복회장 안춘생 님이 이모부이고 보면 정말로 그 위대한 넋을 받은 듯하다. 회사를 퇴직할 즈음에 책상을 마주했던 최흥룡 씨! 그는 외국에 열심히 편지를 써 보내고 시장엘 바삐 뛰어다니더니만 기어코 큰일을 해낸 친구다. 어려움을 극복하고 목표를 향해 열정을 쏟아 큰 꿈을 성취시킨 것이다. 우리나라 앨범 수출업계의 일인자며 수출 강국의 일익을 담당하여 대성한 친구다. 자랑스럽다. 그리고 내가 노조 활동 할 때 끝까지 의리를 지켜준 정해영 씨! 정말 잊을 수 없는 친구다. 또한 격의 없이 호형호제呼兄呼弟하며 뚝심 있고 믿음직스럽고 형제 같은 엘리트 기술인 현정헌 씨! 오랫동안 인목회장을 맡아 계속 의리를 지키고 있다. 젠틀맨 아저씨, 대전의 양여장 선배! 요즘은 건강이 좀 어떤지, 이후용 씨! 쾌유를 빈다. 뒤늦게 인목회에 함께한 백억조 님! 참 잘했군요.

이 모두들 정말로 잊을 수 없는 사람들이다. 오래오래 건강하고 부부간에 해로偕老하길 빈다. 당초 인목회 15명 회원 중 유명을 달리한 회원들이 꽤 된다. 인생의 무상함은 어쩔 수 없는가 보다. 부디 영원한 안식을 누리시길 기도드린다. 이해인 수녀의 〈친구에게〉를 음미하며 갈무리한다.

> … 너를 통해 나는/ 사랑하는 법을 배우고/ 기뻐하는 법을 배운다/ 참을성 많고 한결같은 우정을 통해/ (중략) /오랜 세월 함께 견뎌온 우리의 우정을/ 감사하고 자축하며 …

(2016)

잊을 수 없는 일

나는 회사 생활에서 노동운동을 하였는데 보람된 일이긴 하나 한마디로 고난의 길이었다. 노조 활동은 내 체질상 잘 맞지 않았는지도 모른다. 내가 노조에 관여한 것은 서울 본사 기획관리부에 근무할 때 본사 대의원이 되면서 시작되었다. 전국금속노동조합 인천중공업지부 소속으로 본부 조사부장이 되었다.

1966년 11월 큰딸아이가 태어난 해, 마포구 염리동에 거주할 때였다. 인천공장에 출근하는 통근 버스를 타기만 하면 졸았다. 대기만성의 꿈을 실현하기 위해 저녁이면 연세대 경영대학원에 다니느라 잠이 부족했기 때문이었다. 수업은 오후 6시 30분부터 시작되므로 인천공장에서 동인천역에 나와 신촌행 버스에 몸을 실었다. 신촌 로터리에서 대학까지 걸어가면 식사할 시간 여유가 없이 그냥 수업에 들어갔다. 수업을 마치고 신촌역을 거쳐 이화여대 정문을 끼고 돌아 염리동 집에 도착하면 밤 12시, 식사하고 1시 반이 돼야 잠자리 들었다. 어쩌다 과제물이 있을 때는 3시간만 자고 다시 이대 입구에서 통근 버스를 탔으니 몸도 마음도 파김치가 되기 일쑤였다.

2학기가 끝날 무렵, 한국노총의 '코롬보 플랜'에 의한 인도 뉴델리 연수를 위해 영어 시험에 응시하고 합격했다. 그런데 여권, 비자, 소양 교육 등 까다로운 절차 때문에 고생이 이만저만이 아니었다. 한편 1969년 9월 대학원 졸업과 동시에 뜻밖에 재무부로부터 세무사 자격을 인정받았고 평생 직업을 가질 줄이야…. 고생한 보람이 있었다. 물론 대학원 석사 과정을 3년 만에 졸업했다. 인도 뉴델리 연수 때문이었다. 세무사 자격을 취득한 덕분에 대학원 등록금이며 생활비를 마련할 수 있었다. 그리하여 명지대학교 대학원 과정 4년 만에 경영학 박사 학위를 취득했다. 세상은 공평하고 공짜가 없다는 사실을 깨달았고 아내는 그 뒷바라지를 하느라 고생이 이만저만이 아니었다. 아내에게 고마움을 느끼며 감사한 마음 그지없다. 또한 하느님께 감사드리고 사회를 위해 공헌할 것을 다짐도 했다.

1967년 5월에 사이공에서 귀국했고 그리하여 노조지부에 복귀, 사무장을 거쳐 1968년에는 지부장에 선임되면서 전국금속 노동조합연맹 사무국장에 피선되었다. 당시 위원장은 기아산업 지부장인 김병룡 씨였고 후에 국회의원에 당선되기도 했다.

하지만 나는 노조지부의 조직 갈등으로 반대 세력인 C 씨의 방해 때문에 본부 노동조합 사무국장 자리에 앉지도 못했다. 한마디로 C 씨가 본부 위원장을 하기 위한 조직 싸움에 연유된 갈등에서 나타난 희생양인 셈이었다. 누구의 잘못이라 원망하기에 앞서 내 탓이었다. 나의 노동조합 활동은 1965년에 본사 대의원으로 시작하여 1969년도 금속노동조합 인천중공업 지부장 겸 본부 사무국장을 끝으로 끝이 났다. 옳게 해 보지도 못한 안타까운 심정을 누가 알 것인가. 노조지부장 시절에는 치욕적이고 굴욕적인 정황이었지만 미국의 산업선교회 오글 목사와 조승혁 목사의 격려가 있었다. 정부는 오글 목사를 추방시킨 우를 범하기도 했다.

나의 고통스럽고 불합리한 주요 부분만을 간략하게 소개한다. 노동조합의 조직 관리 면에서 상대방의 비열한 술수 때문에 내 생애의 큰 오점을 남겼다. 당시 공장장 최 이사의 어용 노조화를 획책한 사실에 대해 조합원들이 분개하기도 했다. 그때 그 어려움을 지켜준 의리의 사나이가 바로 정해영 씨다. 현장 조직 관리에 보다 철저했어야 했는데, 부족한 점도 사실이지만 집행부를 배신한 사무장! 그는 내부 정보를 상대방 측에 넘긴 비열한 배신을 했다. 참으로 몹쓸 사람! 나는 더 이상 지부장 및 본부 사무국장직을 지킬 힘이 없었다. 따라서 김 위원장에게 짐이 돼서는 안 되겠다는 결심을 하고 지부장과 본 노조 사무국장직을 눈물을 머금고 사퇴하고 말았다. 기가 막힐 수밖에….

'악화는 양화를 구축한다'더니 회사는 어용 노조를 꽤하고 공화당 정권의 시녀 노릇을 한 것이다. 나는 그들 술수를 이겨 내지도 못하고 오직 근로자들의 권익만을 주장했기 때문에 타협의 여지가 없었다. 그들의 어용 노조화 획책은 외부 권력기관으로부터 압력을 받은 사실만으로도 입증이 가능했다. 그에 맞서 조합원의 단결된 모습이 필요했지만 워낙 정치적인 압력에 편승한 공장장의 지시에 따라 과장들이 조합원들의 결속을 와해시키고 압박하는 바람에 역부족이었다. 근로자들은 모이를 줄 때만 모이고 다 먹고 나면 모두 흩어지는 닭들과 흡사했다. 나의 실패는 조직의 현대적인 마술을 터득하지 못한 이유도 있지 않았나 싶었다. 나는 깊은 실의에 빠지고 말았다.

동서고금을 막론하고 조직 관리로 대성한 예는 많다. 우리가 잘 아는 ≪삼국지三國志≫를 보면 낙망으로 무위도식을 하던 유비·관우·장비가 결의형제를 맺어 '진무제천하통일晉武帝天下統一'을 달성하지 않았던가. 이는 조직의 마술이라 볼 수 있다. 또한 미국의 철강왕이라 불리는 앤드루 카네기Andrew Carnegie(1835~1919)는 어려서부터 조직적인 관리 능력이 능통했다고 한다. 초등학교 시절 여러 마리의 토끼를 기르되 혼자서 사육하기 어려워 이웃에 사는 아이들에게 토끼마다 아이들 이름을 붙여 주었더니 저마다 1위가 되도록 각자 최선을 다해 길러 주었다고 한다. 그는 장성하여 연봉 일백만 달러짜리 스와프라는 사람을 부하로 두어 대성한 것도 조직의 묘를 살린 것이다. 성품이 강직하신 존경스러운 함석헌 옹의 〈그대 그런 사람을 가졌는가〉 시구詩句를 음미하며 이 글을 갈무리하고자 한다.

> 만리 길 나서는 길/ 처자를 내맡기며 맘 놓고 갈 만한 사람/ 그 사람을 그대는 가졌는가// 온 세상 다 나를 버려 마음이 외로울 때에도/ '저 맘이야' 하고 믿어지는/ 그 사람을 그대는 가졌는가// 탔던 배 꺼지는 순간 구명대 서로 사양하며/ '너만은 제발 살아다오' 할/ 그런 사람을 그대는 가졌는가// (중략) // 온 세상의 찬성보다도 '아니오' 하고 가만히 머리 흔들 그 한 얼굴 생각에/ 알뜰한 유혹을 물리치게 되는/ 그 사람을 그대는 가졌는가

(2016)

도덕성 회복을 위한 소고

오늘날 사회는 대단히 빠른 변화의 소용돌이 속에 놓여 있다. 과학과 기술의 급격한 발전, 인구의 폭발적인 증가와 대도시에의 집중 현상, 생태학적 환경 요인의 엄청난 변화, 그리고 도시화의 진전 등이 지수 방정식적 가속화를 이루고 있다. 이러한 엄청난 변화의 물결들은 우리의 고유한 전통문화를 저버린 채 공동체적 사회 관계의 잠식과 지역공동체를 결합시키는 기능을 해체시켜 왔다. 물론 이 변화의 모습을 보면서 과학적 성찰의 노력을 기울인 것도 사실이다. 한편에서는 공동체 상실의 시대가 만들어 낸 역사의 아이러니, 곧 물질적 풍요에 스스로 만족하면서 인류의 장밋빛 미래를 낙관하는가 하면, 온갖 불평등과 화석화

된 현대적 사회 관계의 울타리에 갇혀 영혼을 잃어버리고 방황하는 소외된 인간의 암울한 모습들을 걱정하기도 했다.

하지만 오늘에 사는 우리 일상적인 생활인들은 이와 같은 낙관론과 비관론이 서로 교차해 가며 만들어 내는 시대의 좌표 속에서 주어진 삶을 그저 당연한 것처럼 영위해 나가고 있을 뿐이다. 우리에게 강요되고 있는 개체화와 원자화의 운명을 아무런 비판적 인식도 없이 받아들이고 있기에 하는 말이다. 아무튼 이같이 불확실성의 시대 속에서 공동체적 유대망을 절삭당한 채 정체성의 위기를 겪을 수밖에 없는 현대인들의 실존적 조건은 우리가 단순한 낙관론자들의 논리에 안주하여 몽상에 빠져 들게 내버려두지만은 않는다. 또 그렇다고 비판론자들의 허무주의적 비관론에 귀를 기울인다고 해서 공동체의 해체 문제가 자동적으로 해결되는 것도 결코 아니다. 현대의 미로 속에 갇혀 있는 우리의 괴물 퇴치를 위해 미로에 뛰어든 '테세우스'처럼 희망의 실을 찾아 나서야만 하는 것이다. 그리하여 우리 민족의 고유한 지역공동체를 계승, 발전시켜 도덕성을 회복하는 정신적 심벌을 형성해 나가야 할 것이 아닌가 싶다.

우리는 백의민족으로서 인정 많고 아름다운 금수강산을 물려받아 지역공동체의 효시인 계, 두레, 향약, 품앗이와 같은 자발적인 공동체를 운영해 온 역사적 전통문화를 지니고 있다. 그래서 인도의 시성 타고르와 영국의 토인비는 일찍이 우리 민족이 동방예의지국東邦禮義之國으로 정신적 도덕성이 지배되어 온 아름다운 문화민족임에 찬사를 아끼지 않았다. 토인비는 "서구 문명은 머지않아 망한다. 왜냐하면 황금만능주의인 서구 물질 문명의 구라파인들이 역사의 전통을 오도하고 있기 때문이다. 그래서 오직 물질만을 생각하는 물질문명은 망하고 정신적 도덕성이 지배하는 그런 문명으로 대체될 것"이라고 했다. 이는 동양이 아직도 정신과 도덕성이 살아 있기 때문에 그렇다는 것이다.

요즘 우리 경제는 물가가 천정부지로 폭등, 국제수지 적자, 성장, 분배, 농업, 그리고 중소기업 등 현안 문제가 있고, 정치적으로는 분권화된 민주주의를 향한 지자제의 개량과 안정된 정치 발전, 그리고 사회적으로는 해체된 사회 관계와 공동체적 연대망에 기초한 지역사회복지의 개발 등 부정합 상황에 대한 문제가 있다. 우리 국민은 능히 이를 극복할 능력과 지혜도 있다.

우리의 현실을 볼 때 가장 큰 문제가 되는 것은 바로 도덕성의 문제이다. 빈부격차의 원인에 대해 설명할 수 있는가. 가진 자의 치부가 납득돼야 하는데 그렇지 못하다면 그것이 바로 도덕성에 문제가 있다고 말할 수밖에 없지 않은가. 정치가가 정책대결로 선의의 경쟁을 하지 않고 상대방의 인신공격이나 유권자를 돈으로 매수하려 한다든지, 기업가가 경영 합리화에 의한 사회적 책임을 다하지 않고 부동산 투기 행위나 탈법으로 손쉽게 불로소득을 추구하려 한다면, 토인비가 말한 대로 우리나라에 도덕성이 살아 있다고 할 수 있겠는가 말이다.

도덕성의 문제를 회복시키는 길은 과연 무엇일까. 우리는 이상 실현의 시대에 있어서 과학적 지식과 비판적인 성찰, 그리고 도덕성을 바탕에 둔 실천적 노력이 붕괴되고 있는 지역공동체를 바람직한 방향으로 복귀시킬 수 있는 유일한 길이라고 믿고 있다. 그렇다고 과거로의 복귀만이 그 목표가 될 수 없다. 미래를 적극적으로 개척하는 것만이 변화의 소용돌이에 매몰되지 않고 역사적 임무를 다하게 되는 것이다. 그리하여 우리들의 뒤를 이을 젊은 영혼들이 상실과 해체의 이 시대 속에서 지역사회공동체 개발이라는 희망의 역사를 만드는 데 적극 동참하기를 기대해 본다.

(2014)

한일 세무사 친선 관계

한일세무사친선협회가 창립 15주년을 맞이했다. 매년 한 차례씩 두 단체가 오가며 세무 행정 및 제도에 대한 연구 발표와 자료 교환 등을 통해 우호를 증진해 왔다. 이는 김면규 회장을 비롯한 회원들의 협력에서 비롯된 결과라고 볼 수 있으며 민간 외교로서 매우 뜻있는 일이 아닐까 싶다.

여기에서 우리는 일본을 어떻게 인식할 것인가 생각하게 된다. 사실 일본은 지정학적으로는 가까운 나라지만 우리 민족이 일제로부터 억압과 치욕을 당한 역사를 가지고 있다. 그리하여 그 아픔이 아직도 완전히 치유되지 않고 있음도 또한 사실이다.

하지만 우리의 백제 문화가 일본에 전파되었다고 하는 긍지도 있다. 또한 일본 왕실의 상징으로 늘 정청의 오른편에 심는 다치바나橘,귤 나무는 신라의 왕손 다지마모리가 구해 준 것이라는 것이다. 그리고 그의 할아버지는 일본이 신으로 모시는 아베노보고天日槍로 일본에 철과 병기 등의 기술을 전파한 통치자였다고 한다. 일본 왕실에서 갈라진 헤이게平家와 겐지原의 두 무사 집단이 바로 백제계와 신라계의 후예들이라는 문제 제기는 일본의 역사 소설가이며 추리 작가인 사카구치 안고坂口安吾만의 생각이 아니라고 전해진다. 그러고 보면 한일 관계는 단순한 이웃 나라가 아닌 듯싶다.

우리는 일본의 역사와 전통문화를 알아야만 그들을 이해할 수 있지 않을까 싶다. 사실 우리는 일본인의 의식구조를 잘 모르고 있을 뿐만 아니라 잘못 인식하고 있을지도 모른다.

벨라는 일본이 패전 직후 미국으로부터 40억 달러를 원조 받아 오늘날 세계 최대 경제 대국이 되었는데, 이는 '그들의 도쿠가와 시대의 중심 가치관'이 지금까지 그대로 이어져 왔을 뿐만 아니라 보다 강렬하고 합리적인 형태로 된 것이라고 한다. 그리고 미국의 인류 사회학자 프란시스 슈Francis L. k. Hsu* 교수는 전후 일본의 경제적 기적은 이에모또家元라는 일본 특유의 전통적 사회구조의 기반 위에서 강력한 추진력이 되었다고 말한다. 이에모또란 도예 · 유도 · 꽃꽂이 등 예술적 기교를 지닌 단체로,

그 스승과 제자들로 이루어진 조직이다. 이들 조직의 구성원수가 백만 명이 되는 커다란 피라미드 조직이 될 수 있으며 일본 인구의 70%가 이에 속해 있다고 한다. 이들 회원은 그 집단의 행동에 참여해야 하며 개인행동은 용납되지 않고 지도자를 잘 따른다는 것이 정신적 기반이 되고 있다. 그래 그런지 일본은 질서를 잘 지키는 국민인 것 같기도 하다. 관광 안내원이 깃발을 들고 가면 그 뒤를 잘 따라간다. 여간해서 이탈하지 않는다. 그것을 두고 어떤 이는 군국주의 잔재라고 혹평하기도 한다.

이웃으로의 새로운 패러다임을 모색해 보자. 일본은 우리의 국권을 빼앗은 100년 전을 반성해야만 동반자로 함께할 수 있을 것이 아닌가 싶다. 왜냐하면 일제에 대한 우리의 반일 감정이 깊이 잠재돼 있기 때문이다. 우리가 일제로부터 해방된 지 반세기가 넘었고 한일 외교가 정상화된 지도 꽤 오래다. 그런데 우리는 지금까지 역사적 치욕에 대한 감성적 대응만으로 일관해 온 것도 사실이지 않은가 말이다.

그런데다가 근간에는 그들이 독도가 자기네 땅이라고 억지를 부려 우리 국민의 심기를 불편하게 만들고 있다. 그래서 우리 사회에서는 일본에 대해 일제의 만행과 역사의 왜곡 등 반일 감정 조류와 경제적 관점에서 서로 배우고 그들과의 경제 협력을 강화하자는 현실주의적인 조류의 인식 구조를 이루고 있다. 이들

두 조류는 각기 일정하게 역사적 진실성을 반영하고 있기 때문에 당연하다고 할 것이다. 하지만 21세기의 급변하는 세계 속에서 먼 나라가 아닌 가까운 이웃으로 어떻게 전환할 것인가의 새로운 패러다임을 모색하는 것이 필요하지 않을까 싶다. 따라서 이들 두 조류를 하나의 큰 틀 속으로 끌어들이면서 구조적으로 통합할 필요가 있다고 본다. 좋든 싫든 공동의 이익으로 묶어 두 나라의 국가 전략을 공유하는 관계 형성으로 발전, 승화시키는 것이 옳지 않을까 싶다.

그러기 위해서는 민간단체이며 엘리트 집단인 한일세무사친선협회의 역할이야말로 매우 중차대함을 느낀다. 우리는 세무 행정과 제도를 연구하고 토론하는 것만으로 만족하지 말고, 보다 미래 지향적인 성숙된 관계로 발전시켜 나아가야 한다. 그러므로 개별 세무사 간의 격의 없는 친교를 통해서 서로 간에 믿음을 형성해야 할 것이다. 그러한 믿음을 바탕으로 할 때 양국은 공동의 이익으로 승화시켜 나아갈 수 있지 않을까 싶다.

* Hsu, Francis L. K. Lemoto: The Heart of Japan, New York, 1975. 참고할 것. 프란시스 슈는 1909년 중국 요동반도 장하에서 태어나 상해대학 사회학을 공부하고 런던대학에서 박사 학위 취득. 미국 노스웨스턴대학 인류학과 교수. 미국 심리 인류학계의 거장임.

(2012)

IMF의 교훈

요즘 우리 경제가 혹시 파탄되는 것이 아닌가 우려를 한다. 정부는 심각한 외환 위기를 극복하기 위해 국제통화기금IMF에 대해 구제 금융 신청을 하였고, IMF 당국은 돈을 빌려 주는 대신 우리나라의 금융 시스템 개편, 경제성장률 3%, 기업 구조 조정을 요구하는 등 국가의 법정 관리와 같은 치유적인 내부 간섭에 들어가 있다. 어쩌다가 이 지경에까지 이르도록 내버려 두었는지 이해할 수 없고 답답하기 짝이 없다.

이처럼 우리 경제는 외환 위기와 줄지은 기업의 부도 사태 등 큰 시련에 직면해 있다. 물론 우리 국민은 이를 극복할 수 있는 집념과 잠재력 또한 가지고 있기 때문에 정부, 기업, 노동자, 그리고 온 국민이 근검절약하는 고통을 함께하는 공감대만 형성된다면 다시 태어나는 전화위복의 계기가 될 수 있을 것이다.

문제는 우리나라 경제가 오랫동안 안고 있는 고질적인 내부 모순으로 스스로 생존력을 잃는 구조적 위기에 처해 있다는 사실이다. 다시 말하면 한국은 경제개발 초기부터 구조적으로 대기업 중심의 축적 전략을 구사하여 '규모의 경제economies of scale'에 부합되는 방식의 기업 조직화가 만성적으로 이뤄져 왔다. 특히 급속한 고도 경제성장 과정에서 파생된 복합적이고 고질적인 문제로서 대기업이 타인 자본을 선호하여 막대한 자금을 은행으로부터 차입해서 문어발식 기업 확장을 위한 과당 경쟁, 그리고 비업무용 부동산을 매입하여 인플레이션에 의한 반사적 이익 등을 꾀하였다. 이와 같은 과다한 차입금 경영은 이자 부담의 과중으로 기업 재무 구조의 취약성을 나타내어 급기야는 기업 도산에까지 이르게 된 결과를 가져왔다.

폴 크루그먼Paul Krugman은 〈아시아 기적의 신화The Myth of Asia's Miracle〉라는 글에서 동아시아의 경제성장이 실제 이상으로 과대 평가되었다고 하면서 "동아시아 경제가 자본과 노동 등 생산 요소의 투입 증대에 의한 성장을 보여 주었을 뿐이며, 생산성의 증가에 의한 발전과는 거리가 멀고, 따라서 성장은 붕괴로 귀결될 것"이라고 비판하였다.

그러나 삭스Sachs는 아시아의 금융 위기는 일시적인 현상이며, 과거와 마찬가지로 아시아는 재등장한다고 주장하면서 특히 〈타임〉지에서 IMF와 동일한 머리글자를 따서 〈국제적 통화 실패International Monetary Failure〉라는 글에서 국제통화기금의 처방이 아시아의 금융 혼란을 악화시킬 수도 있다고 지적하기도 하였다. 이러한 단편적인 논란보다는 우리 사회가 유교적 가치를 자본주의의 성장 모델—국가 주도적 수출 산업화 전략—을 대내외에 과시하기 이전에 한국 사회의 사회 · 문화적 조직 원리들에 비판적 성찰이 있어야 했던 것이다. 후꾸야마는 사회 · 문화적 조직 원리를 산업, 경제, 구조와 연결 지으면서 '사회적 자본' 개념을 분석의 잣대로 삼아 미국, 일본, 독일을 '고 신뢰 사회'로 한국, 중국, 이탈리아, 프랑스를 '저 신뢰 사회'로 유형화시키고, 후자에게는 가족주의라는 공통의 사회, 문화적 요소를 추출하고 있다. 즉 고 신뢰 사회의 도덕 공동체는 경제학적 의미의 합리적 선택의 산물이라기보다는 '자발적 사회성'이라는 비합리적 습관의 기반 위에서 성립하며, 이것이 자본주의적 거대 기업의 확립과 친화력을 갖는 데 비해, 가족주의적 저 신뢰 사회는 융통성, 관료제적 요소의 부재, 의사 결정의 신속성을 기할 수 있지만 집단내적 폐쇄성 때문에 대규모 기업으로의 발전에는 일정한 한계가 있다는 것이다.

한국의 전통적인 가족주의적 가치 체계가 자본주의적 산업 구조에 미친 영향뿐 아니라 사회제도와 관행 전반에 융화되어 그 틀을 기형적으로 왜곡, 변형시키고 있다는 사실이다. 즉 가족주의 전개 양식은 물질적인 가치와 현세적 공리주의의 결합, 왜곡된 교육 영역과 부패 관행, 가족주의에 기초한 한국 자본주의의 특성, 가족주의의 연줄망 정치 구조 등을 지적할 수 있을 것이며 이를 되새겨 보아야 할 것이다. 이러한 한국의 사회, 문화적인 조직 원리를 산업, 경제, 구조와 연결 짓고 평가하는 후꾸야마의 논지는 우리에게 중요한 시사점을 던져 주고 있다.

이러한 사회 · 문화적 조직 원리에 기반을 둔 우리 경제는 한보 사태를 비롯한 삼미, 진로, 대농, 기아, 뉴코아 등 재벌 그룹들의 부도 사태가 경제적 대 혼란을 야기시켰다. 이는 대기업들의 정경 유착에 의한 안일한 경영상의 문제도 있지만 경쟁 상대국들에 비해 타인 자본 의존도가 높은 취약한 재무 구조에 큰 문제점이 있다고 말할 수 있다. 즉 과다한 차입금 경영은 막대한 금융 비용을 누적적으로 부담하고, 매출 수익률의 저조로 자금 경색을 초래하여 급기야 부도 사태에 이르게 된 결과이다.

제조업 부문에서 재무 구조 관련 지표를 주요국과 비교해 보면 한국의 자기 자본 비율은 1996년도가 24.0%로, 미국(1995) 38.5%, 일본(1995) 32.6%, 대만(1995) 53.9%에 비하여 훨씬 낮은 수준이다. 따라서 부채비율은 같은 해 한국이 317%로 미국(159.7%)의 2배, 대만(85.7%)의 3.7배의 높은 수준이며, 금융 비용 부담률은 한국(1996)이 매출액 대비 5.8%로 일본(1995) 1.3%, 대만(1995) 2.2%에 비해 매우 높은 금융 비용을 부담하고 있다. 기아그룹의 경우 지난해 외부 차입금에 따른 금융 비용이 무려 6,246억 원에 달하여 경영수지 상태는 1,045억 원의 적자를 나타냄으로써 법정 관리에 들어간 것이다.

이처럼 한국의 기업들이 높은 차입금을 선호한 요인은 무엇인가. 그것은 기업의 자본 조달 방법에 있어서 주식 배당금은 소득금액 계산상 손금으로 인정되지 않지만 차입금의 이자는 손금에 산입되므로 타인 자본을 지나치게 선호하게 되어 있다. 또한 한국 정부의 금융 정책은 기업이 금융 경색이나 도산 위기에 처하게 되면 정부의 구제 금융이 관행처럼 되어 왔다. 따라서 기업 재무 구조의 개선과 금융 차입금 상환을 위해서는 차입금 과다 법인에 대한 세제상 지급이자 손금부인제도의 확대와 더불어 세제의 중립성을 확보하기 위한 정책 방향을 설정해야 한다. 그리고 정부의 구제 금융 관행을 철폐하고, 금융기관의 책임 경영체제 구축 및 대출 심사 기능을 강화하여야 한다. 또한 기업가에게는 방만한 기업 경영으로 도산에 이르게 되면 그 책임에 대해 법률적으로 중하게 다루는 장치가 마련되어야 한다. 미국의 유명한 하버드대의 드러커P. F. Drucker 교수는, 기업가는 이윤의 극대화뿐 아니라 사회적 책임이 매우 중요함을 강조하고 있다. 기업의 과다한 부채 의존은 국민경제의 금융적 위험을 높이는 '외부 효과externality'를 발생시키며, 기업의 도산은 해당 기업뿐 아니라 은행, 정부, 궁극적으로는 국민에게까지 파급되기 때문이다.

따라서 우리 경제가 회복되고 세계 경제 전쟁에서 살아남으려면 정부, 근로자 및 온 국민의 고통 분담에 대한 의식 전환이 절실하며, 전통적인 가족주의의 폐쇄적 울타리를 벗어나고, 개인적인 인격 존중을 기반으로 한 보편주의적인 도덕 공동체적 연대 의식의 확장을 모색하는 일이 필수적인 해결 과제라고 할 수 있다.

성경 말씀에 "사람이 온 세상을 얻고도 제 목숨을 잃으면 무슨 소용이 있겠느냐? 사람이 제 목숨을 무엇과 바꿀 수 있겠느냐?(마태 16:26-27)"고 하셨다. 이 말씀을 한 나라의 생존 문제와 관련시켜 볼 때 세계 평화의 유지, 보존도 우리의 생존 이상의 의미를 가질 수 없다. 특히 우리는 선진 자본주의 국가들과 경제 전쟁을 하고 있기 때문에 더욱 그러하지 않을까 싶다.

(1997)

퇴직기 근로자의 태도

일반적으로 퇴직기에 접어든 중고년 연령층의 기업 근로자들은 노동 시장에서 점차 그 입지를 상실하게 된다. 그러므로 퇴직은 근로자들이 임금 소득을 바탕으로 노동력 재생산의 문제를 해결하던 피고용인의 지위에서 물러나 그 직위와 관련된 역할 수행을 중단하게 됨으로써 그 대부분이 임금 소득자로서의 자격을 상실할 뿐만 아니라 노년기의 시작을 맞이하게 되는 것을 의미한다. 따라서 퇴직은 일반적으로 중고년층 근로자들에게 소득원의 상실로 인한 경제적 타격을 가져다준다. 그리고 그들을 기존의 역할 수행으로부터 차단시킴으로써 '관계'의 손실로 인한 사회적 소외와 심리적 문제를 야기시키며 심지어 건강의 악화를 유발하는 결정적 요인이 된다는 견해가 지배적이다.

엣쉬리R. C. Atchley가 지적한 대로, 생애 주기상의 노년기가 대체로 직업 생애 주기상의 퇴직 후기와 일치하고, 가족 생애 주기상의 독신기와 엇물릴 가능성이 농후하며, 경제 생애 주기상의 의존기와 연결되어 있다. 이는 퇴직기 근로자들의 문제가 노인 문제와 직접 관련을 갖게 됨을 의미한다. 그러나 중고년층 근로자들의 이러한 상황은 개인 생애사적 차원의 문제로 국한되어 생각될 수만은 없다. 보건 및 의료 기술의 발전, 생산기술의 발전, 대중 교육의 확대, 도시화에 의한 사회 전반적인 변화를 의미하는 근대화가 퇴직 이후 노인의 지위를 하락시키는 주요 요인으로 작용하기 때문이다. 그런데 산업화된 국가가 고령화되어 노인이 차지하는 비율이 상당히 증가해 왔다는 연구 결과는 결코 우리의 상황과 무관한 것이 아니다.

60세 이상 노인 인구의 비율은 1960년의 5.5%에서 1990년에는 7.7%를 기록하였고 2000년에는 10.7%로 예상된다. 65세 고령자의 비율은 1960년에는 3.3%에 불과했지만 1990년에는 5.0%를 기록하였고, 2000년에는 6.8%, 2021년에는 13.1%를 차지할 것으로 보여 인구의 고령화 추세는 뚜렷하게 드러나고 있기 때문이다. 이러한 사실은 노령화 지수(65세 이상 인구/0~14세 인구×100)가 1970년에는 7.2였으나

1993에는 22.0으로 상승한 사실에서도 확인할 수 있다. 따라서 노인에 대한 규정이 국가별로 다양한 편차를 나타내고 있다. 우리나라는 앞으로 불과 몇 년이 지나 2000년대에 가면 65세 이상의 노인 인구가 전 인구의 7% 이상이 되는 고령화 사회로 진입할 것이 틀림없는 사실로 추정되고 있는 상황이었다.

서구의 선진 산업사회가 고령화되어 온 과정은 엄밀한 의미에서 노인 복지의 발달 과정과 밀접하게 연결되어 있다. 노년기 인구층의 사회적 권리 의식이 확산되면서 복지제도가 비약적으로 발전해 왔고 최근에는 퇴직은 위기가 아니라 자연스러운 삶의 연속적 과정으로 이해하는 분위기도 점차 폭넓게 유포되고 있기 때문이다.

고령화 사회에 접어든 서구 선진 자본주의 사회와 마찬가지로 한국 사회도 이제 빠른 시일 내에 고령화 사회에 진입할 것으로 보인다. 그러나 미국을 중심으로 하는 서구 선진 자본주의 사회에서는 정년퇴직이 대체로 62세 이상의 시기가 되면 당사자의 자발적인 선택에 의해 결정되는 것과 달리 우리나라의 경우에는 일본의 영향을 받아 55세 정년제가 지속되어 왔고 최근에는 58세 정도가 되면 퇴직하는 것이 관례가 되어 왔다. 특히 우리나라의 경우에는 퇴직이 자율적인 결정 사항이 아니라 강제적으로 부과된다는 데 문제가 있다.

뿐만 아니라 각종 사회복지와 사회보장제도가 확고하게 뿌리를 내리고 있는 선진 자본주의 사회와 달리 우리나라에서는 사회복지 및 사회보장제가 미발달되어 있다. 더구나 대부분의 경우에는 그 혜택을 받을 연령과 퇴직 시기 사이에 일정한 시간적 격차가 가로놓여 있기 때문에 퇴직 후의 노년층들에게 퇴직은 새로운 삶의 기회를 맞게 되는 것으로 이해되기보다는 위기 국면으로의 진입을 의미하는 것으로 받아들여질 가능성이 높다.

결론적으로 복지 욕구와 참여도가 고학력이고 연령이 상대적으로 낮을수록 떨어진다는 사실로 미루어 볼 때 퇴직기의 준비 프로그램에 대한 홍보와 관심의 제고가 무엇보다 필요하다. 그리고 위기의 경험을 상대적으로 더 많이 갖는 하위층 인구에 대한 적극적인 대책이 절실히 요청된다고 할 수 있다. 왜냐하면 노인복지나 사회보장제도가 불충분한 상태에서 사회적으로 불리한 집단이 취할 수 있는 유일한 자구책은 바로 퇴직의 연장을 도모하고 스스로의 생존 수단을 확보하여 위기 극복 방안을 모색하는 것 이외의 방법이 있을 수 없다는 인식이 강하게 유포되어 있기 때문이다. 따라서 우선적으로 중요한 것은 퇴직 프로그램에 이러한 위기를 극복하는 데 도움을 줄 수 있는 구체적인 프로그램이 필요하다는 점이다. 이러한 맥락에서 재취업 및 부업 지원과 재산 관리 및 투자 지원 등 경제적 욕구는 우선적으로 고려되어야 하며 건강 문제와 관련된 도움과 여가 취미 관련 문제에 관한 도움, 그리고 사회 심리적 문제에 관한 도움 등 프로그램에 대한 욕구를 충족시키기 위한 종합적이고도 다각적인 방안이 마련되어야 할 것이다.

한편, 인구의 고령화가 더욱 가속화되고 있는 현 상황에서 퇴직기의 중고년 연령층이 겪는 제반 문제를 해결하기 위한 복지 프로그램의 제공은 기업 복지나 산업 복지만이 아니라 노인복지에서도 다뤄야 할 중요한 과제로 설정되어 복지 대책의 종합화가 절실히 필요한 것으로 판단된다. 무엇보다 잊지 말아야 할 점은 생애사의 측면에서 위기 상황을 겪게 되는 퇴직 예정기 근로자들을 위한 복지 대책은 현직으로부터의 퇴직retire from이 아니라 무엇인가 보람 있는 삶을 위한 퇴직retire to을 보장해 주는 방향으로 총체적으로 전개되어야 한다는 것이다.

(1994)

Chapter
5

금혼의 해로諧老

교수직教授職과 학회

신앙과 사도직 활동

금혼의 해로諧老

루르드의 성모님

나가사키長琦 순심대학교

유년의 둥지를 회상하며

잃어버린 마음을 찾아

오늘은 4월 30일, 우리 부부가 혼배성사를 받은 지 어느새 반세기가 지난 '금혼식 날'이다. 참으로 감개무량하고 큰 축복의 날이다. 이 날을 기념하기 위해 두 아이들과 함께 명동성당 6시 토요특전미사에 참석하기 위해 지하철을 타고 명동으로 갔다.

교수직教授職과 학회

교수직은 성직聖職이라고 부른다. 그래서 나는 하느님이 내게 맡긴 신성한 사명이요, 고귀한 소명召命이라고 생각했다. 이런 직업관을 천직사상天職思想이라고 하며, 천직을 영어로 'Calling'이라고 한다. 모두 다 '부른다'라는 뜻이다. 그래서 나의 교수직은 하느님이 나를 불러 나에게 맡긴 소중한 일이며 무거운 책임이었다고 생각했다. 서양 중세에 이런 명언이 있었다. "Laborare est Orare." 영어로는 'Labor is prayer.'이며, '일하는 것은 기도하는 것이다.'라는 뜻이다. 하느님께 정성껏 기도하는 마음을 가지고 열심히 일하라는 것이다. 가톨릭에서는 사제직을 '성소聖召, holly calling'라고 부르니, 교수의 직업은 하느님의 신성한 부르심이라 할 수 있다. 그러므로 교수직을 성직이라 하는 것은 스승의 길이 숭고하고, 인간이 추구해야 할 최고의 가치를 실현하며, 고매한 인격과 덕망, 그리고 도덕적으로는 사표師表가 되어 젊은 영혼을 길러 내기 때문이 아닌가 싶다. 나는 과연 그 교수직을 어떤 철학을 가지고 충실히 수행했는지 자성해 본다.

내가 대학에 몸담게 된 것은 연세대학교 경영대학원 시절 지도 교수이신 J 박사님의 권유가 있었기 때문이었다. 박사님은 미국 펜실베이니아 대학 출신으로 후에 부총장이 되신 권위 있고 존경받는 교수님이었다. 나는 대학원 재학 중 인도 뉴델리에서 '콜롬보 플랜'에 의한 연수 과정에 참가한 관계로 3년 만에 대학원을 졸업하고 충남 모 대학 강사에 추천되었다. 그러나 대학 교수직에 대한 아무런 정보도 없었고, 이미 캐나다 취업 이민이 결정적이었기 때문에 그 뜻을 받아들일 수 없었다. 그 후 많은 고민과 후회를 했다. 나는 워낙 가르치는 일을 좋아해서 늘 교수직을 동경했던 것도 사실이었다.

그 즈음 서울 본사로 발령이 난 시점에서 마침 1971년도 1학기부터 우석대 경영학과 P 교수의 강사 추천에 따라 회사의 승인을 받고 출강할 수 있었다. 첫 강의인 만큼 강의안 등을 열심히 준비한 덕분에 학생들의 반응도 꽤 좋았다. 시간 강사이긴 하지만 교수로서의 자질과 가르치는 능력을 평가받아야 했다.

참된 교육의 도량을 이룩하기 위해서는 가르치는 사람에게는 권위가 있고, 배우는 학생에게는 신뢰가 있어야만 참된 교육이 이루어질 수 있다고 생각했다.

그 후 명지전문대 P 교수의 추천으로 '지방세법' 강의를 시작으로, 명지대학교 용인 캠퍼스에서 경영학 강의 2년, 명지전문대학교에서 전임강사 · 조교수 · 부교수 · 정교수로서 학과장과 지역사회개발연구소장 등 20여 성상 동안 학생들에게 사랑을 쏟았다. 그리고 학과장 시절 지역사회개발과를 사회복지학과로 전환시켰고, 한국사회복지협의회와 보건복지부 등 관계 기관의 협조를 받아 사회복지사 3급 자격을 취득하게 하여 공무원 별정직 7급 시험에 합격시키는 데 일익을 담당하기도 했다. 아울러 가톨릭의 사회복지 시설 담당 수녀 400여 명의 배출은 물론 국내 실습 및 해외 실습 지도 교수를 십여 년간 담당함으로써 튼튼한 기반을 만들었다. 이런 일들이 가장 보람된 업적이라고 생각된다. 그리고 일본 나가사키長琦 순심대학교 사회복지학과의 초빙강사로 강의했다. 동 대학과 명지전문대학이 자매결연을 통해 교수와 학생을 교환할 것도 구두로 약속받았지만 불행히도 대학 당국이 수용하지 않았다. 이는 글로벌 시대를 역행한 처사였다. 대학 발전의 좋은 계기였는데 참으로 아쉬웠다. 그 뒤 대학 당국은 다시 논의할 것을 제안했으나 순심대학이 서강대학교와 이미 결연을 맺었기 때문에 의미 없는 일이 되고 말았다.

나는 2003년 명지전문대학교를 정년퇴임한 후, 명지대학교 사회복지대학원 강사 4년, 인천대학교 행정대학원 사회복지학과에서 8년 동안 강의했다. 또한 고양시 장항2동 주민들에게 노인복지에 대한 수요 특강도 가졌다.

학회 활동은 ㈔한국세무학회 이사 · 감사 · 부학회장을 역임한 바 있다. 또한 한국세무사회 연수교육위원장, 한국조세연구소 상임연구위원 한국세무사회 감사(6년), 한국세무사 석 · 박사회 부회장, AOTCA 한국세무사연맹 자문위원을 역임하였다. 그리고 ㈔한국지역사회개발협회 부회장직에 선임되었고, 1990년 8월 대전매일신문사와 공동 주최로 대전 한국방통대학에서 제1회 학술세미나를 개최, 준비위원장을 맡았으며, '한국지역사회개발과 지방자치'라는 주제 발표도 했다. 우리나라 지방자치제 실시를 앞둔 세미나여서 그 의미가 컸음은 물론이고, 높은 평가를 받았고 잊을 수 없는 큰 보람이었다. 또한 ㈜김포신문 논설위원으로서 우리나라 지방자치제도에 관한 칼럼을 여러 차례에 걸쳐 지자제 도입의 올바른 방향을 제시하였다.

세월은 유수와 같다더니 내가 65세의 정년으로 교수직을 떠난 지 어느새 15년이 지났다. 그러고 보니 내 나이 벌써 팔순이 됐다. 하지만 나는 무엇 하나 제대로 이룩해 놓은 것도 별로 없다. 요즘 젊은이들은 나이 든 사람을 세대 차이가 난다고 끼어 주지도 않는 세상이 된 것 같다.

그러나 "노인은 연민의 대상도 버림받아야 할 사람도 아니며, 철없는 아이들에게 인생을 살아가는 데 필요한 지혜와 조언을 제공해 주는 사람인 것이다."라고 유태인의 가정교육 안내서인 ≪탈무드Talmud≫에서 표현하고 있다. 중국 고사에 있는 '스승의 길'에 대하여 내가 좋아하는 글귀를 음미해 본다.

> 芝蘭生於深林 不以無人而不芳 지난생어심림 불이무인이불방
>
> 君子修德立德 不爲困窮而敗節 군자수덕입덕 불위곤궁이패절
>
> 난은 깊은 산 수림에서 자라며 인적이 없다고 해서 향기를 내뿜기를 마다하지 않으며, 덕을 닦고 덕을 세운 군자는 아무리 곤궁하더라도 절개를 꺾지 않는다.

스승의 참된 모습을 잘 표현한 글귀이다. 인적이 없는 깊은 산 속에 외롭게 피어 있으면서도 훈훈한 향기를 내뿜는 난과 같이 참된 스승이란 전문적인 지식, 강직한 기풍, 굽힐 줄 모르는 신념과 학자로서의 권위를 갖추고 있어야 한다. 특히 무엇보다도 젊은 영혼들에게 따뜻한 사랑을 쏟을 수 있어야 한다. 이는 곧 나의 일상생활의 신념이자 교육자로서의 철학이라고 해도 좋을

것이다. 내 호號를 '송곡松谷'이라고 명명한 것도 나의 신념과 철학의 연유에서였다. 평범하면서도 늘 굳건하고 강직한 푸르름을 생활철학으로 삼고자 함이다. 그러나 21세기 후반기의 고도 산업 시대의 물질적 풍요로 인한 가치관의 전도는 교육자에 대한 인식의 변화를 가져왔다. 예전에는 교육자는 존경과 신뢰의 대상으로서 청렴과 강직함을 상징으로 하였는데 안타깝게도 그런 사회적 인식이 사라진 지 이미 오래다. 참으로 기가 막힌 세상이 되고 말았다.

그런데 나는 교직자로서 30여 성상을 교수직에 몸담았고, 이제는 라스렛의 말처럼 제삼의 인생을 살고자 한다. 특히 "문학을 아끼고 사랑하는 민족이 흥한다."는 누군가의 말을 기억하며 파스칼이 "은퇴란 조용히 혼자 있어야 하는 일의 시작"이라고 한 말처럼 나도 홀로 있으면서 따뜻한 글을 쓰고 싶다.

(2016)

신앙과 사도직 활동

1

종교의 자유는 헌법에 보장되어 있다. 대한민국의 국적을 가진 모든 국민은 어떤 종교든 자유롭게 선택할 수 있는 권리를 가진다. 나는 여러 종교 가운데 가톨릭 신앙을 선택했다. 그 이유는 분명했다. 내 성격상 가톨릭이 좋았기 때문이었다.

아무리 신앙이 두터운 성녀 마더 테레사나 슈바이처 박사도 태어날 때부터 그리스도가 좋았다고 말할 수 없었을 것이다. 인간은 누구나 하느님을 믿고 싶지 않게 되어 있다고 한다. 왜냐하면 인생은 변하고 결국 누군가에 의해서든 종교를 권유받았기 때문에 그렇다는 것이다. 인도를 영국 식민지로부터 무저항으로 독립을 이끈 위대한 지도자 간디 옹은 “나는 예수를 좋아해도 그리스도교 신자들은 좋아하지 않는다. 왜냐하면 그들은 전혀 예수를 닮지 않았기 때문이다."라고 했다. 이 말은 예수를 믿는 이들에게 경종을 울리는 대목이 아닌가 싶다. 그러나 도스토예프스키는 "인간은 신을 믿는 한에 있어서만 인간다운 모습을 보존할 수 있다."고 했다. 나는 이 말에 전적으로 동의하며 하느님을 믿고 사랑한다.

나는 1956년 8월 15일 성모승천 대축일을 맞아 인천 답동성당(현 한국천주교 인천교구 주교좌 대성당)에서 교리 공부 6개월 만에 임종국(바오로) 주임 신부님의 집전으로 영세를 받았다. 요리문답 1번은 "사람이 왜 이 세상에 태어났느뇨?"였고, 답은 "천주를 알아 공경하고 자기 영혼을 구하기 위해 세상에 태어났느니라."였다. 인간은 무엇 때문에 태어났는가. 태어난 목적이 분명함을 깨달았다. 그때가 제물포고 일학년 때이며, '테오도로S. Theodorus'라는 세례명을 받았다. 대부는 답동성당 가톨릭학생회장인 성균관대 동양철학과 재학 중인 권근성 님으로 인간미 넘치는 좋은 분이었는데 내가 인천을 떠난 후 소식이 끊겼다.

그러고 보니 내가 신앙생활을 한 지 어느새 반세기가 훌쩍 넘었다. 당시 나의 집안은 유교 사상이 농후한 가정이었고, 조모님께서 절에 다니시며 불공드린 덕분에 딸 넷에 아버님이 독자로 태어나셨단다. 그러니 나의 천주교 입교가 웬 말이었을까. 가문의 입장에서는 청천벽력青天霹靂이며, 가족이 조상님께 제사를 모실 때 내색은 없었지만 불편했다. 그 후 둘째 형님이 개신교에서 천주교로 개종함에 따라 옹호자가 생겼다. 물론 나는 어른들께 늘 순종했기 때문에 천주교 입교를 반대하지는 않으셨다.

나의 가톨릭 입교는 성령께서 인도하심이고 축복이었다. 왜냐하면 제물포고 일학년 때 많은 학생 가운데 ㄹ친구가 유독 나를 꼭 찍어 성당에 인도했기 때문이다. 그는 천주교 집안에서 태어났고 자동차노조 지부장을 지냈는데, 애석하게도 지천명知天命을 넘기지 못한 채 하늘나라로 떠났다. 부디 하느님의 영원한 안식을 누리길 기도드린다.

나는 '젊어 고생은 돈 주고도 못 산다'는 신념이 강했고, 부모님께 부담을 드리지 않기 위해 자취 생활을 자청하여 고달픈 고교 시절을 보냈다. 한창 성장할 시기에 영양 섭취를 잘 하지 못해 건강이 좋지 않았을 뿐 아니라 공부도 제대로 하기 힘들었다. 밥을 지으려면 장작불을 피워야 했는데, 그 일은 그리 녹록지 않았다. 한 끼의 식사도 제대로 못할 때가 꽤 많았다. 요즘 같으면 라면으로 손쉽게 해결할 수도 있었을 것인데…. 엄동설한에 냉방에서 담요를 쓰고 지냈으니 공부가 제대로 되었겠는가.

율목동에 살 때였다. 겨울에는 물독이 얼어 얼음을 깨고 쌀을 씻으려니 손이 시려 빠져 나가는 듯했다. 그래서 주말에는 거의 성당에서 살다시피 했다. 어느 땐 신학교神學校에 진학할까도 생각했었다. 그러나 구도의 길은 내 뜻대로 되는 게 아닌 성싶었다. 가톨릭학생회의 몇몇 후배들이 성직자의 길을 이뤄 몬시뇰의 장상이 된 경우도 있었다.

나의 주보성인 테오도로S. Theodorus 성인은 11월 9일이 영명축일이다. 테오도로 성인은 로마제국의 말기에 천주교 박해로 희생된 순교자로 출생지와 순교지가 동로마이기 때문에 그리스 정교회에서 존경받는 성인이셨다. '테오도로'의 본뜻은 '예수님의 선물'이다. 예수님의 특은으로 얻은 아들이어서 그 이름을 지어 준 양친은 매우 신심이 두터운 분이었다. 그의 출생지는 시리아 지방이며 군인이셨다. 소속 부대가 로마제국의 변두리 아마세아 시에 파견되었을 때 황제 갈릴레오가 가톨릭에 대해 금교령을 내려 배교를 강요당하였으나 이를 거절함으로써 화형을 당하였다. 제물로 바쳐진 날이 바로 307년 11월 9일이며, 나는 영명축일을 택해서 세례명을 정했다. 따라서 테오도로 성인이 예수님의 선물임을 깊이 묵상했고 그분의 굳건한 신심을 본받기 위해 늘 기도드렸다.

견진성사는 1958년 1월 용인세무서 근무시 용인성당에서 노기남 대주교님으로부터 받았다. 주임 신부는 조인환 바오로 님으로 매우 인자하셨고, 서울 명수대 본당에 계시다가 몇 년 전에 선종하셨다.

나의 사도직 활동은 1964년 11월에 명동성당 소속 레지오 마리애 pr. 행동 단원일 때부터 시작되었다. 그리고 1965년 4월 30일 오전 11시에 서울 대교구 주교좌 명동성당에서 윤기영 신부님의 주례로 나는 용산성당 출신인 임영자(테레사)와 백년가약을 맺는 혼배성사를 가졌다.

인간의 의무에 대해 "마땅히 해야 할 일을 보고도 하지 않는 것은 용기가 없는 탓이다見義不爲無勇也."라고 공자께서 말했다. 행동이 따르지 않는 신앙은 죽은 신앙이라고 흔히 말한다. 나의 신앙과 사도직 활동이 혹여 자기 현시욕自己顯示慾에 사로잡히지나 않았었는지 자성해 본다.

2

나는 1980년 2월 구로 공구상가 옥탑에 세무사 사무소를 개설하고, 6개월 동안 부지런히 다니며 관리 업체를 모집했다. 가급적 점심시간이 되면 부담을 주지 않으려고 약속이 있다고 자리를 피하기도 하고, 아침에 집에서 나올 때 아내로부터 받은 용돈에서 커피 값, 교통비가 부족한 날은 점심을 건너뛰고 많이 걷기도 했다. 그동안 회사의 운전기사가 운전해 주는 자가용차로 출퇴근하던 나는 어려움이 많았지만 참고 견뎠다. 그리고 여러 지인들이 도와준 덕분에 시작한 지 일 년여 만에 사무실 운영이 손익 분기점에 도달할 수 있었다. 도와준 그분들께 감사한다.

사도직 활동은 구로 공구상가 지역에서 계층교회 성격인 상인들로 구성된 '임마누엘회'를 조직하는 데 협력했다. 1982년 초에 공구상가 광장에서 김수환 추기경님을 모신 가운데 창립 기념 미사를 성대히 치렀다. 초대 회장에 장기풍(베드로) 형제가 맡았다. 회관은 나의 사무실 옆에 소 성당을 마련했고, 지도 신부는 구로1동 성당 오용진(올리비에) 프랑스 신부님이 맡아 주셨는데 매우 합리적인 분이셨다. 그러다가 신부님이 파리 북부의 생드니 지역 교구 주교로 임명되는 바람에 살레시오회 돈보스코 원장이신 이해섭 신부님이 지도해 주셨다. 250여 명 신자의 영적 지도와 매주 수요일 저녁 미사를 정기적으로 올렸다. '레지오 마리애 pr.'을 조직하고 교리반도 만들어 몇 차례 영세를 시키는 등 본당 차원의 신앙생활을 할 수 있도록 활성화시켰다.

나는 1983년 3월 17~20일 상지회관에서 서울대교구 남성 제66차 꾸르실료 교육에 참가하였고, 요한 분단장이 되었다. 넥타는 평협회장이며 꾸르실료 주간인 엄익채 회장과 임덕일 지도 신부가 맡으셨다. 3박 4일 동안 예수님을 만나기 위한 통회의 시간에 눈물을 많이 흘렸다. 그날의 큰 감격은 평생 잊을 수 없을 것이다. 나는 사도직 사명을 더욱 충실히 할 것을 다짐하고 실천에 옮겼다. 그 후 서울 남성 제70차, 76차, 81차, 110차, 122차 꾸르실료 임원으로 봉사와 평신도에 대한 강의도 맡았다. 그리고 1985년 3월, 임마누엘회 제2대 회장직을 맡아 상인들이 계층교회로서 기능을 다하기 위해 사도직 활동에 열정을 가지고 봉사하였고, 2년의 임기 동안 성실한 봉사 활동으로 신자들의 신앙생활을 열심히 도왔다.

그해 7월 한국천주교회 103위 성인시성 및 선교 200주년기념위원회 위원에 위촉되어 뜨거운 열정으로 여의도 기념 식장 준비 위원으로서 한 달여 동안 여의도에서 기쁜 마음으로 상주하다시피 열정으로 봉사했다. 그리하여 요한 바오로 2세 교황님을 아내와 함께 제대 앞에서 알현하는 영광을 가졌다. 참으로 감개무량할 뿐이며 한국에서 처음으로 성인이 탄생하니 그날 여의도에 모인 100만 신자들은 감격의 기쁨을 말로 다 형언하기 어려웠다. 또한 천주교가 이 땅에 들어온 지 200주년이 되는 기념일을 맞이하는 이때 초창기에 박해로 인해 많은 신앙의 선조들이 희생한 역사를 상기하게 되었다. 파스칼Pascal은 "생명을 바치는 증인들의 역사를 나는 기꺼이 믿노라."고 찬양한 바 있다. 그날 여의도 하늘에 갑자기 십자가가 선명하게 나타났는데, 그와 같은 현상은 어떤 의미가 있는 것일까.

1985년 10월 8일에는 나자로 마을에서 가톨릭세무사회의 창립 총회가 열려 내가 초대 회장에 선출되었다. 존경하는 나자로 마을 이경재 신부님을 지도 신부로 추대했고, 가톨릭세무사회가 천주교 서울대교구의 공식 단체로 등록되었다. 공식 단체로 출범되기까지 나를 비롯하여 김연, 오동원, 황선익 세무사 등이 시청 앞 북창동 중국집에 모여 준비 위원을 구성하였는데 이는 하느님의 섭리로 마련된 것이 아닌가 생각된다. 여러 가지 사업을 하였는데, 그중 하나는 세무사 부부 피정으로 상지회관에서 김수환 추기경님을 모시고 가진 것이었다. 추기경님과 신앙에 관한 자유로운 대화의 시간을 가짐으로써 많은 은혜를 받은 시간이고 축복이었다. 또한 임원들과 함께 회원 사무실을 찾아다니면서 고상을 달아 주고 성지순례 및 피정도 하고, 서울사회복지회 무료 세무상담 코너를 개설해 매주 1회씩 실시했다. 1987년 9월에는 하느님의 은총 가운데 회장직 2년을 대과 없이 마칠 수 있어 하느님께 감사드렸다. 후임 회장은 오동원 부회장이 선출되었다.

한편 나는 1986년 1월 양재동성당 황흥복 주임 신부님으로부터 사목협의회 재정분과위원장, 수석부회장에 임명되었고 다음 회기에 총회장으로 지명될 예정이었다. 하지만 명지대학교 대학원을 수료하고 밤잠을 설쳐 가며 박사 학위 논문을 작성하는 바쁜 일정 때문에 회장직을 맡을 수 없었다. 또한 1994년 10월 1일에 일산 신도시로 이사함에 따라 그 뜻을 받아들이지 못한 아쉬움도 있었다. 그리고 1987년 3월부터 1996년 3월까지 9년간 천주교 서울대교구 평신도사도직협의회의 감사직에 봉사한 바 있었다. 이미 1991년 5월 서울대교구 평협과 일본 나가사키 교구와 자매결연을 맺고 매년 축일에 왕래가 있었다. 그리고 이를 계기로 '종소리 회'를 결성한 바 있었으며 후에 '천평회'와 합하게 됐다.

한편 1989년 10월 9일, 김수환 추기경님으로부터 제44차 서울 세계성체대회 준비위원회 위원으로 여의도광장에 제대 설치를 위한 시설부 차장의 막중한 자리에 임명되었다. 제대는 군부대의 지원을 받아 중 장물을 설치하는 어렵고 위험한 작업이었지만 아무런 사고 없이 완성하였다. 뿐만 아니라 만일의 사태를 대비하고 안전과 보안을 위해 광장 일대를 경찰의 협력 아래 철저히 검색했다. 성체대회 당일 전국에서 100만 신자들이 모인 가운데 요한 바오로 2세 교황님을 모시고 미사를 성대하게 올렸다.

1994년 7월에는 미국 북가주 오클랜드에서 남성을 위한 꾸르실료 교육을 위해 김두봉 · 박찬도 회장과 함께 임원으로 봉사하였다(2회 참가). 교포 형제들을 위해 열심히 봉사함으로써 뜨겁게 신앙생활을 할 수 있기를 기대했다. 3박 4일 동안 프로그램에 따라 교육을 실시하니 수강자들은 매우 흡족하게 이수했고 성과도 있었다. 교육을 마친 후 지도 신부님과 임원들이 샌프란시스코의 금문교를 비롯해 요세미티를 거쳐 라스베이거스를 돌아보고, 경비행기를 타고 그랜드 캐니언을 구경했다. 그 어마어마한 계곡을 비행기에서 내려다보니 장관이었다. 사막 한가운데에 쓸모없는 황무지를 개발하여 라스베이거스를 완성한 미국의 그 능력도 대단함을 느꼈다. '렉셜'이라는 고급 호텔에다 숙소를 정하고, 24시간 철야로 영업하는 파친코장에서 여러 임원들과 함께 즐겁고 뜻있는 시간을 가졌다.

1994년 10월 1일에 우리 가족은 서초동에서 일산 신도시 호수마을 303동 1402호(56평)로 이사했다. 주일에 백석동성당에 나갔는데 건물이 없어 임시로 비닐하우스에서 미사를 드렸다. 임인섭(마태오) 주임 신부께서 성당 건물을 짓기로 하고 건축비 소요 예산액을 모금하기 위해 세대 당 기부 액수를 아파트 평수에 따라 정했다. 건축 공사가 시작되면서 주임 신부님이 앞장서서 벽돌을 손수 나르고 솔선수범하는 열성을 보였다. 나도 그 대열에 함께했고 기쁜 마음으로 벽돌을 날라 훌륭한 성전이 준공됐다. 성전 건립에 보태기 위해 벨지움 신자가 쿠키를 2개의 컨테이너에 넣어 보내 기부하기도 했다. 참말로 감격스러운 일이었다.

1996년 4월에는 새정치국민회의 공천을 받아 김포에서 제15대 국회의원에 출마했다. 그래서 한국 천주교 평신도사도직협의회 감사를 사임하였는데, 그로 인해 교회 활동이 소강 상태에 들어가 아쉬움이 컸다.

러시아의 작가이며 인도주의자인 톨스토이가 나눔에 대해 "어떤 것을 자기 혼자만 갖고 싶다는 소원은 악한 인간만이 가질 수 있는 소원이다. 사람이 행하고 경험하는 일이 참된 행복에 가까우면 가까울수록 그 행복은 더욱 절실하게 남에게 주고 싶어진다."고 한 말은 깊이 묵상할 대목이다.

"누가 그대를 남다르게 보아 줍니까? 그대가 가진 것 가운데 받지 않은 것이 어디 있습니까? 모두 받은 것이라면 왜 받지 않은 것인 양 자랑합니까? 라고 말씀하셨다."(코린토 전서 4장 7절)

우리가 가진 재능이나 생명까지도 다 하느님의 것인데 자기의 것인 양 자랑하는 어리석은 인간들이 공수래공수거의 단순한 진리를 잊고 사는가 보다.

(2016)

금혼의 해로偕老

오늘은 4월 30일, 우리 부부가 혼배성사를 받은 지 어느새 반세기가 지난 '금혼식 날'이다. 참으로 감개무량하고 큰 축복의 날이다. 이 날을 기념하기 위해 두 아이들과 함께 명동성당 6시 토요특전미사에 참석하기 위해 지하철을 타고 명동으로 갔다.

성당 안은 여느 때와 달리 많은 사람들로 꽉 찼다. 아마도 외지에서 온 관광객들이 참석한 것이 아닌가 싶었다. 우리 부부는 제대 앞 가까이 앉고 아이들은 자리가 없어 뒷줄에 따로 앉았다. 그 옛날 혼배 미사 때를 회상回想해 본다.

주례 신부님 앞에 아내와 나는 장궤長跪틀에 나란히 앉고 증인 두 사람이 옆에 서 있는 가운데 혼인 예식이 엄숙하게 시작되었다. 혼인 예식의 하이라이트는 신부님의 혼인 서약과 당부 말씀이었다. 주례 신부님은 "천지창조 때부터 하느님께서는 사람들을 남자와 여자로 만드셨다. 그러므로 남자는 아버지와 어머니를 떠나 아내와 결합하여, 둘이 한 몸이 될 것이다. 따라서 그들은 이제 둘이 아니라 한 몸이다. 하느님께서 맺어 주신 것을 사람이 갈라놓아서는 안 된다(마태 19:5-7. 마르코 10:6)."고 말씀하셨다.

우리는 성경 구절을 똑똑히 듣고 기억하며 하느님과 육친 권속 앞에서 손을 꼭 잡고 굳게 약속했다. 앞으로 즐거울 때나 괴로울 때나, 성할 때나 병들거나 이해와 존경을 바탕으로 서로 사랑하며 이 세상을 마치는 순간까지 함께할 것을 다짐했다. 그러나 결혼이란 오직 파라다이스만이 존재하지 않고 거센 풍랑과 폭풍이 몰아칠 수도 있게 마련이다. 두 사람은 힘을 합해 그 난관을 극복해 나가야만 한다. 소크라테스는 "결혼은 하나 안 하나 후회는 마찬가지"라고 했다. 결혼해서 자녀를 낳고 가정을 이뤄 오랫동안 동고동락하고, 상부상조, 공생공영하면서 동반자로 살아가는 운명 공동체를 만든다는 것은 결코 쉬운 일이 아니리라.

서양 속담에 "전쟁터로 나갈 때는 한 번 기도하고, 바다로 나갈 때는 두 번 기도하고, 결혼식장으로 나갈 때는 세 번 기도하라."는 말이 있다. 이것은 행복한 결혼의 어려움을 간파한 명언이다. 아내는 나와 결혼해서 고생이 꽤 많았다. 셋방살이로 자주 이사하다 보니 짐보따리를 포장하고 정리하는 것은 아내의 몫이라 골병이 들 수밖에 없었다.

마포의 단칸방에 세 들어 살 때였다. 내가 직장에서 늦게 돌아와 방에 들어가는 순간 아내와 딸아이가 숨을 몰아쉬고 있었다. 연탄가스에 중독된 것을 금방 알 수 있었다. 119 구급차로 급히 병원에 갈 수 있었기 망정이지 몇 분만 늦었어도 목숨을 잃을 뻔 했다. 얼마나 놀랐는지 눈물이 쏟아졌다. 하느님은 우리 가족을 살려 주셨다.

그 시절 주택 임대차 계약 기간이 6개월이라 한 집에서 오래 살 수가 없었다. 스무 번 이상을 이 집 저 집으로 이사를 다녔다. 드디어 1972년에 마포구 현석동의 단독 주택을 일백팔십만 원에 구입하였다. 박봉이지만 아내가 알뜰하게 살림하면서 열심히 저축하고 노력한 덕분이었다. 참 고맙기 한이 없다. 그렇지만 요즘 아내는 그 후유증으로 무릎 관절염이 생겼고 그 고통이 심해져 지팡이에 의지하며 병원에 가곤 하지만 치료가 쉽지 않다. 아무쪼록 하느님이 보우하사 건강하기를 기원한다.

매년 이맘때가 되면 떠오르는 문구文句 하나가 있다. 그것은 "Youngman be ambitious!" "젊은이여 대망을 가져라!"라는 것이다. 제물포고 재학 때 어느 날 교장 선생님이 반에 들어오셔서

칠판에 써 준 글귀다. 카랑카랑하고 단호한 그분의 음성은 60여 년이 지난 지금도 잊을 수 없다. 꿈을 모두 이루지는 못했지만, 지금까지 대망의 꿈을 꾸며 살아가도록 일깨워 주신 그 가르침은 부족한 내 삶을 지켜준 원동력이며 좌우명이었다.

자유당 말기, 남들이 선호하는 세무 공무원직을 3년도 채우지 못하고 뒤늦게 대학 생활과 대학원에서 공부하는 대기만성의 길을 택했다. 그러다 보니 등록금을 마련하기 위해 공장 직공 생활도 했고, 주경야독으로 대학원 공부를 할 때 조교 생활도 하면서 학문의 꿈을 키웠다. 그때 나는 대학교수와 박사 학위를 취득하는 것이 꿈이고 목표였다. "뜻이 있는 곳에 길이 있다."고 했던가. 그 말을 가슴에 품고 살았고, 목표를 향해 열정적이었기 때문에 그 뜻을 이뤘다. 그 뒤에는 말없이 감내하는 아내의 희생犧牲이 있었기에 가능했다. 정말로 고맙고 미안하고 사랑해요, 당신!

또한 내 인생의 스승이며 이상형으로 삼은 이는 율곡栗谷 선생이다. 뛰어난 경륜으로 민족의 백년대계百年大計와 구국의 대업을 이루려던 철인이며 정치가인 율곡 선생은 위대한 교육자로서 20세 때 자기 스스로를 채찍질하는 글, 즉 〈자경문自警文〉을 쓰고 그것을 목표로 삼았다.

先須大其志선수대기지 以聖人爲準則이성인위준칙 一毫不及聖人일호불급성인 則吾事未了즉오사미료

먼저 모름지기 뜻을 크게 가져라. 성인의 경지에 도달하는 것을 네 인생의 기준으로 삼아라. 터럭만큼이라도 성인의 경지에 미치지 못하면, 나의 할 일은 끝난 것이 아니다.

율곡의 〈자경문自警文〉을 보면서 그분의 크고 높은 이상 앞에 저절로 고개가 숙여졌다. 그것은 참으로 숭고하고 위대한 결심이었다. 목표를 향한 도전, 꿈을 꾸며 사는 삶이란 얼마나 축복인가 말이다. 그래서 나는 그분의 삶을 인생의 모토로 삼기로 했다.

또한 우리가 잘 아는 미국의 철강왕이라 불리는 카네기Andrew Carnegie(1835~1919)는 축재의 천재인 동시에 용재用財의 천재였다. 카네기는 스코틀랜드의 가난한 농부의 아들로 태어나 경제의 불황으로 13세 때 미국으로 이민 갔다. 초등학교 4학년이 학교 교육의 전부다. 성공의 비결을 묻는 기자에게, 무슨 직업이든지 일인자가 되려고 노력하는 것이라고 했다. 12세 때 방직공장에서 실을 감는 직공 일을 하고, 우편배달부로, 전신 기수로 세계 일인자가 되기 위해 일에 전력투구했다고 한다. 카네기는 놀라운 기업가다. 인간의 위대성의 척도는 사회 공헌과 기여도

에 달려 있다고 말하면서 세계와 인류를 위해 얼마나 많이 기여했느냐에 따라 인간의 가치가 결정된다고 했다.

금혼식 날, 우리 부부는 이보다 큰 축복이 있을까 싶다. 오래도록 해로偕老하며 살게 해 주신 하느님께 감사드린다. "여보! 사랑해요, 테레사". 이제는 덤으로 사는 인생, 고종명考終命을 향하여 하느님께 모든 것 맡기고 감사하며 함께 걸어갑시다!

La cinquontaine!

(2016)

루르드의 성모님

막내딸 안젤라가 프랑스에 유학했을 때였다. 여름방학을 이용해서 나는 모처럼 둘째 형님과 함께 로마와 루르드를 여행하기로 하고 먼저 파리로 가서 안젤라를 만났다. 아침 일찍 파리의 오스테를리츠역에서 열차를 타고 루르드에 도착하여 수녀님의 안내로 성직자용 숙소라는 곳에서 여장을 풀었다. 그런데 마침 루르드에 간 그때가 성모님이 발현하신 지 150주년이 되는 기념 축일이었다. 우리에게 행운이며 은총이 아닌가 하고 기뻐했다. 세계 각처에서 많은 관광객들이 몰려왔다.

프랑스 남서쪽 피레네 산맥 기슭의 작은 마을 루르드에 베르나데트 수비루Bernadette Sooubirous라는 소녀가 살았다. 가난하여 학교도 다니지 못해 글도 모르던 그녀가 14살 때인 1858년 2월 11일, 땔감을 찾으러 강변을 서성이고 있을 때였다. 흰 옷에 파란색 허리띠를 두른 성모님이 그녀 앞에 나타나신 것이었다. 성모님은 마사비엘 동굴Grottede Massavielle에 18회에 걸쳐 나타나셨고, 그녀에게 그곳 피레네 방언으로 말을 걸어왔다. 성모님은 자신을 '원죄 없이 잉태된 이Immaculata Conceptio'라고 소개하면서 죄인들을 위해 기도하고 작은 성당을 짓도록 명하시면서 땅을 파서 샘물을 마시도록 했다. 그 말씀에 따라 루르드 동굴 위에 기념 성당이 세워졌다. 그리고 베르나데트 수비루가 땅을 파 나온 샘물은 치유 효과가 있다고 했다. '기적의 샘물'로 알려진 생수는 하루에 10만 리터씩 끊이지 않고 솟아 나왔다.

오늘날 루르드는 전 세계에서 해마다 수백만 명이 순례하는 대표적인 성모 성지로 사랑받고 있다. 루르드의 성모 발현은 1962년 1월 18일, 교황청에 의해 승인을 받았다. 교회는 성모님이 처음 발현한 2월 11일을 루르드의 동정 성모 마리아의 기념 축일이자 세계 병자의 날로 지내고 있다. 성모님 발현을 목격한 베르나데트 수비루는 느베르의 성 질다르수녀회에 서원을 하고 지내다가 1879년 35세의 나이로 생을 마쳤다. 그녀가 죽은 후 1933년에 성녀로 시성되었다.

이튿날 우리는 일찍, 성모님이 발현하셨다는 동굴 참배의 길에 나섰다. 비가 추적추적 내렸지만 우산도 없이 걸어서 동굴 앞에 다가가 무릎을 꿇고 기도드렸다. 그리고 기적의 샘물을 마시고 두 개의 병에 물을 담아 가방에 넣었다. 기적의 샘물을 마시면 피부병과 위장병이 낫는다고 믿고 물이 담긴 성모님 모형의 물병을 너나없이 모두들 가져가는 것을 볼 수 있었다. 그 샘물에 몸을 담그기 위해 줄을 선 이들의 모습도 보였다. 믿음이란 무엇인가. 가톨릭 신자로서 나의 신심은 과연 어떤지, 잠시 걸음을 멈추고 나를 되돌아보는 시간을 가졌다. 동굴 입구를 살펴보니 헌 목발들이 너절하게 걸려 있었다. 그것들은 몸이 불편한 사람들이 기적의 샘물에 몸을 담근 후 치유가 돼서 더 이상 필요하지 않자 버리고 간 것들이라고 했다.

프랑스라는 나라는 물이 풍부하지 않을 뿐 아니라 석회질이 많아 뻑뻑하고 끈끈하다. 숙소에서 커피를 끓이려고 수돗물을 받으면 금세 그릇 밑바닥에 하얀 석회가루가 쌓여 그것을 그대로 사용할 수 없었다. 그래서 외출하면 으레 슈퍼에서 정수된 물을 사는 것이 일과였다.

우리는 베르나데트 성녀의 생가를 둘러본 다음, 성당에 들어가 기도를 드렸다. 성당은 성 비오 10세께서 성모 발현 100주년을 기념해서 봉헌한 것이라고 한다. 성당 건물은 프랑스 건축가들이 공동 설계한 것으로 콘크리트는 물고기를 형상화했다고 하는데, 참 아름다운 건물이었다. 그리고 루르드 성지 뒷동산에 위치한 '십자가의 길'에 들어섰다. 예수 그리스도의 수난과 부활을 표현한 십자가의 길이 오르막길을 따라 조성되어 있었다. 비를 맞고 묵주기도를 바치며 14처를 도는 그 길은 1.5km나 되었다. 쇠로 조각한 14처는 실물 크기의 조각상으로 1898년부터 1911년 사이에 제작, 설치했다고 한다.

저녁때가 되어 많은 사람들이 광장에 모이기 시작했다. 그리고 성모님께 바치는 성모송 기도를 모든 사람들이 자기 나라 말로 합송했다. 기도는 매우 경건한 가운데 진행되었다.

> 은총이 가득하신 마리아님, 기뻐하소서! 주님께서 함께 계시니 여인 중에 복되시며 태중의 아들 예수님 또한 복되시나이다. 천주의 성모 마리아님, 이제와 저희 죽을 때에 저희 죄인을 위하여 빌어주소서. 아멘.

우리는 묵주기도를 마친 후 숙소로 돌아왔다. 그날 루르드의 성지 참배를 모두 마친 후 안젤라는 몸살이 나고 말았다. 우리가 파리에서 합류하던 그 전날 이사하느라 꽤 힘들었다고 했다. 게다가 우산도 없이 추적추적 내리는 비를 맞으며 1.5Km나 되는 '십자가의 길'을 묵주기도를 바치며 걷지 않았는가. 과묵한 안젤라의 사정도 모른 채 말이다.

문득 오래전 양재동성당의 모든 신자들이 송광섭 주임 신부님 인솔 하에 장호원 매괴성당에서 야외 미사에 참여했던 기억이 떠올랐다. 그곳 매괴 성모 순례지는 유형문화재 제188로 지정되었다. 그 성당은 1896년 파리 외방선교회 소속 임가밀로 신부(1869~1947)에 의해 건설되었는데, 루르드와 깊은 인연이 있었다. 임가밀로 신부는 루르드에서 조금 떨어진 타브르 교구 출신이셨다. 그분은 어릴 적부터 어머니와 함께 루르드를 자주 방문한 독실한 성모 심신으로 신앙을 키웠다.

원래 매괴성당 터에는 명성황후의 6촌 오빠인 민응식의 106칸짜리 커다란 집이 있었다. 그 집은 여러 사람에게 팔려 나갈 뻔 했는데, 임가밀로 신부는 그 터에 남 몰래 기적의 패를 네 군데 넘게 묻은 후 기도를 드렸다. "성모님이 만일 저 대궐 같은 집과 산을 저의 소유로 주신다면 당신의 비천한 종이 되겠습니다. 그리고 그 주보가 매괴 성모님이 되실 것"이라고 끊임없이 기도하고 청하였다. 드디어 임가밀로 신부는 그 터에 성당을 지었다. 일제는 그 터에 일본 신사神社를 짓고자 했지만 그때마다 곰과 호랑이가 나타나 공사를 진행할 수 없었다고 한다.

1930년, 임가밀로 신부는 매괴 성모상을 프랑스 루르드에서 제작해 가지고 와 성당 앞뜰에 세웠다. 매괴 성모상은 6·25전쟁 때 인민군에게 7발의 총을 맞고도 부서지지 않았고, 총알은 성모상 내부에 그대로 떨어졌다고 한다. 그래서 7고苦의 성모상으로 부르기도 한다. 감곡 매괴 성모 순례지는 일명 '한국의 루르드'라고도 한다.

루르드와 로마 기행은 아름다운 추억으로 길이 남을 것이다. 파리 · 로마의 호텔이나 남대문 민박집에서 묵을 때 형님의 코골이 때문에 밤잠을 설쳐 가며 잠자리를 옮긴 일, 그리고 이탈리아 피렌체에서 사진 찍느라 배 시간에 늦을까 걱정되어 형님을 찾던 일, 이 모두가 멋지고 아름다운 추억 속의 한 페이지로 장식될 것이다. 성모님의 은총을 듬뿍 받고 귀국했다.

얼마 전 '천평회天平會' 유덕희 회장님을 비롯한 여러 회장님들과 함께 대구대교구 100주년 기념 주교좌 범어대성당을 방문했다. 대지가 7천여 평으로 규모가 크고 성당 내부 등의 설계가 잘 되었음을 자랑했다. 그리고 이문희 대주교님과 점심식사도 같이했다. 프랑스 루르드와 똑같은 모양의 '루르드의 동정 성모님 동굴'에도 찾아가 기도를 드리며 많은 은총을 받았다. 참으로 기쁘고 즐거운 날을 가슴에 담고 돌아왔다.

(2016)

나가사키長琦 순심대학교

1994년 4월, 나가사키의 봄 냄새가 내 가슴을 설레게 했다. 왜냐하면 일본 순심대학교純心大學校로부터 4월 학기부터 강의해 줄 것을 요청받았기 때문이다. 강의를 앞두고 아내와 함께 김포공항을 출발, 현해탄을 건너 나가사키長琦공항에 도착해 바로 대학 캠퍼스로 갔다.

순심대학교는 나가사키 현 나가사키 시(長琦縣 長琦市三ツ山町 235番地)에 주소를 두고 있었다. 나가사키 서남쪽 높은 산마루에 위치하고 있어 풍광이 매우 아름다웠다. 멀리 바다 위를 불어오는 훈풍이 젊은 영혼들의 야심찬 마음을 설레게 하는 듯했다. 카다오카 치즈코片岡千鶴子 학장 수녀님을 만나고 대학 구내의 게

스트 하우스에서 여장을 풀었다. 그 전에 몇 차례 갔었기 때문에 익숙한 가운데 대학 환경에 바로 적응할 수 있었다. 이튿날부터 강의가 시작됐다. 내가 강의하는 동안 다나까 강사 수녀는 학장의 지시에 따라 아내에게 나가사키의 유명한 관광지를 안내해 주었다. 참 고맙고 활달한 수녀였는데 그 후 소식이 끊어졌다.

주말에는 나가사키 시내 평화공원에 갔다. 열람실에서 원폭 피해 상황에 대한 영상을 관람하기도 했다. 그 당시의 참혹한 원폭 광경을 눈앞에서 보는 듯했다. 1945년 8월 9일 아침, 나가사키의 평화로운 도시에 찰스 스위니가 조종하는 미국 B-29 수퍼 포트리스 빅스카가 '팻맨Fat man'을 싣고 왔는데 기상이 좋지 않아 투하 지점을 정확하게 측정할 수 없어 고쿠라 상공을 3회나 배회하다 30분이나 지체되었다. 그 바람에 연료가 바닥날 기미를 보이자 당일 11시 2분경 나가사키 상공 439m에서 원자탄을 투하했다. 그 소리는 천지를 진동시켰을 것이다. 원자탄이 본래 목표로 삼은 지점에서 북서쪽으로 3km 떨어진 우라카미 계곡에 투하되었기 때문에 비록 팻맨이 TNT21,000톤에 상응하는 위력이었지만 폭발의 상당 부분이 계곡에 의해 차단당해 그 확산을 막았다고 한다. 그럼에도 불구하고 당시 나가사키에 거주한 인구 24만 명 중 15만 명이 사망한 것으로 알려졌다. 그때 강제 징용된 한국인 만여 명이 희생됐다고 한다.

하루는 대학이 운영하는 구내 원폭 피해 장애인 요양원에 갔다. 안내원이 나를 한국에서 오신 교수 선생님이라고 정중히 소개했다. 그랬더니 웬 할머니가 우리 앞에 다가와 "조센징!" 하면서 고성을 냈다. 원폭 피해 당사자인 일본 정부가 저지른 사건이 분명한데 그 노인은 무엇 때문에 내게 그런 표현을 했는지 의문이 풀리지 않았다. 안내원은 그 노인이 정신 이상 때문이라고 얼버무렸다.

순심대학교는 가톨릭 정신을 기초로 학술 중심의 진리 탐구와 지식 연마, 지역과 인류 평화는 물론 복지 발전에도 기여하는 데 목적을 두고 있다. 일본 문부성은 대학교가 사회복지학과를 신설함에 있어서 몇 가지 어떤 허가 조건을 제시하고 있다. 모집 학생이 학부 4년간의 공부를 마친 후 사회사업가로서 적재적소에 배치가 가능한가, 대학이 갖춘 인프라는 충분한가, 교수진의 자질은 어떤가 등등 내가 강사인데도 교수 경력이 적합한지를 확인했다. 기타 필요한 요건을 충분히 갖추고 있는지에 대하여 문부성은 대학을 방문하여 일일이 확인하는 절차를 밟았다. 일본 정부 관계 당국의 철저한 관리 감독은 대강하고 넘기는 경우가 많은 우리 사회와 다른 점이 아닌가 싶었다.

내가 맡은 강의는 학부 신입 여학생 40명이 대상이었다. 한국의 사회복지 현황, 즉 한국 사회복지 발전의 역사를 비롯해서

복지 정책 및 사회보장제도에 관한 내용이었다. 그 대학에서 강의하기 위해 일 년 전부터 우리 대학 당국의 강의 승낙서, 강의 경력 증명서, 강의 계획서를 제출하여 학생들이 수강 신청 할 때 참고하도록 한 내용들이었다. 그렇게 철저하게 절차에 따라 강의 시간표가 확정됐고 강의가 시작된 것이었다. 강사료는 시간당 5천 엔이었다. 물론 강의는 일본어와 영어로 했는데 짧은 언어 때문에 통역으로 이화여대 대학원에서 박사 학위를 취득한 일본 여성 오끼다 가요꼬 상의 도움을 받아 특강 식으로 한 학기를 했다. 본 강의를 위해서 주위의 많은 사람들이 도와주었고 강의 성과도 있었다고 자부했다. 학생들의 반응이 좋았다는 평가를 받았다.

그 후 1996년도에도 커리큘럼에 내 과목이 이미 정해져 있었다. 그러나 1996년 4월 13일에 김포에서 새정치국민회의 공천을 받아 제15대 국회의원에 출마하여 일본에서의 강의는 불가능한 상태가 되었기 때문에 그 일을 어찌해야 할지 판단이 잘 서지 않아 고심했다. 생각다 못해 대학 당국에 그 사정을 통보함은 물론 정중하게 사과의 메시지를 보냈다. 그러나 대학에서는 폐강할 수 없는 난처한 지경에 이르게 되었고, 나의 체면과 신뢰는 땅에 떨어지고 말았다. 그동안 쌓은 공든 탑이 하루아침에 무너지는 소리가 들렸다. 한국인은 별 수 없다고 평가 절하되고 말았을 것이다.

사실 나는 그 대학에서 강의하기 위해 오래전부터 학장, 부학장 수녀님과 돈독한 유대 관계를 형성하고 있었다. 그뿐만 아니라 또한 순심대학교와 우리 대학이 자매결연을 맺고 학생과 교수진을 교환하는 문제 등 구체적인 내용이 구두로 합의 단계에 이르고 있었다. 그렇게 되면 두 대학 학생들에게 일본에서 또는 한국에서 공부할 수 있는 기회가 마련되는 것이었다. 두 나라의 문화가 자연스럽게 교류된다는 것은 매우 고무적인 일일 것이었다. 희망찬 앞날의 꿈이 실현될 것을 기대하고 있었다.

그러나 그 모든 것이 수포로 돌아가고 말았다. 명지학원 당국자가 일본 순심대학교는 가톨릭재단이므로 종교가 다른 관계로 불가하다는 결론을 내렸기 때문이었다. 참으로 어처구니없는 일이었다. 그 후 대학 당국이 다시 자매결연을 제의하도록 했지만 그 대학이 이미 서강대학교와 결연을 체결한 뒤라서 성사될 수 없었다. 21세기는 글로벌 시대임을 인식하지 못한 한심한 대학 당국자로 인해 대학이 크게 발전할 수 있는 절호의 기회를 잃어버린 것이었다. 그동안의 나의 노력이 하루아침에 물거품이 되고 말았다. 그때 내 심정은 착잡함을 넘어 불쾌하기까지 했다. 가슴을 짓누르는 회한에 빠져 얼마 동안 허탈감에서 벗어날 수 없었다.

그러고 보니 국회의원도 낙선되고 일본 대학의 신뢰 또한 실추되었으니 꿩도 닭도 다 놓쳐 버린 셈이었다. 그리고 정신적 손실은 또 어떻게 보상받을 수 있을까 싶었다. 기가 막힐 노릇이었다. 그때처럼 허무하고 난처한 입장은 내 생애에 처음 겪었다.

인생이란 뜬 구름과 같다고 누가 말했던가. 최고 의사 결정자의 한 치 앞도 내다보지 못한 잘못으로 미래를 크게 망친 사실을 생각할 때 그냥 과거사로만 돌릴 수 있는 일은 아닌 듯싶었다. 사람이 산다는 것이 별것 아니라는 것을 왜 모르는 걸까.

사람이 콩 튀듯 팥 튀듯 해서 무엇 할까. 하늘에 흰 구름이 흘러가듯이 세월 따라 사람도 함께 가는 것을. 나도 자연의 순리대로 따르려 한다. "老子曰 大智若愚노자왈 대지약우"라. "큰 지혜는 어리석음과 같다."는 말을 왜 진즉부터 깨닫지 못했을까.

(2015)

유년의 둥지를 회상하며

나는 모교인 월곶초등학교를 1950년 3월에 졸업한 제36회 졸업생이다. 그러고 보니 졸업한 지 어느새 66년이 흘렀고, 모교가 설립된 지(1908~2008) 100주년이 되었다. 참으로 감개무량할 뿐 아니라 동문 선후배들과 그동안 꿈과 희망을 심어 주신 선생님들과 함께 진심으로 축하해 마지않는다. 얼마 전 모교 동문회로부터 100주년 기념 사업의 하나로 100년사 문집 발간에 실을 원고 청탁을 받았다. 이 문집은 학교 발전의 역사적인 증거가 되며, 또한 동문들의 애교심을 고취시키는 자료가 될 것으로 믿는다.

코 흘리게 아이였던 초등학교 시절을 떠올려 본다. 책가방을 메고 집을 나서서 넓은 들판을 지나 신작로에 이르면, 왼편에 김포의 상징이며 국보급 문화재인 문수산성文殊山城이 떡 버티고 있었다. 나는 그 늠름한 기상과 정기가 언제나 우리의 꿈을 실현시켜 준다고 믿어 왔다. 그리고 무내미 고개에 올라서면, 애국선열들이 태극기를 들고 3·1독립 만세를 외치던 모습이 마음속에 그려져 숙연해지곤 했다. 겨울이면 삭풍이 얼굴과 손가락을 마구 때렸다. 그러면 볏짚으로 만든 초리를 신은 발을 빠르게 놀리며 시오리 길을 단숨에 달려 학교에 당도했다. 그곳에서 공부를 하고 친구들을 만나 같이 어울려서 살아가는 방법을 배우며 작은 사회를 경험했다. 그때는 왜 그리도 춥던지, 겨우내 영하 20도를 오르내려 논바닥이 온통 얼음판으로 변했다. 우리는 추위도 잊은 채 왁자지껄 떠들며 썰매를 타고 노느라 시간 가는 줄도 모르고 신바람이 났다.

그러나 불행하게도 나는 일제강점기 때 월곶초등학교에 입학하여 2년여 동안 식민지 교육을 받았다. 아침 조회 때는 안경 쓴 얼굴에 긴 칼을 찬 일본인 교장의 앙칼진 훈화를 들었다. 그리고 일본 천황에게 충성을 다하겠다고 강요하는 황국신민선서皇國臣民宣誓를 복창했다. 나는 일제의 강요에 따라 치욕스럽게도 창씨개명을 하였다. 내 일본식 이름은 '마쓰모도 다구료'였다. 내가 100미터 경주에서 늘 일등을 하니 발음이 비슷한 '택시'의 뜻을 가진 '닥구시'로 별명이 붙여지기도 했다.

일제는 우리 민족 말살 정책의 하나로 우리말을 쓰지 못하게 했을 뿐 아니라 동시에 일본어 사용을 강요했다. 우리는 일본군이 무기에 사용할 놋그릇과 놋요강을 죄다 거두어 가는 데 동원되기도 했다. 산에서 소나무 송진을 모으는 일을 하는 때도 있었다. 그래도 우리는 씩씩하게 봄·가을에는 도시락을 싸 들고 문수산에 소풍을 갔다. 어떤 때는 곤충이나 식물 채집도 했다.

그러다가 1945년 8월 15일 초등학교 2학년이 되었을 때 일제로부터 해방이 되었다. 어른들은 해방의 감격으로 태극기를 흔들고 '대한 독립 만세'를 외치며 읍내를 돌았다. 그동안 긴 칼을 차고 기세가 등등했던 모습은 어디로 가고 어깨가 축 늘어진 채 우리가 도열한 곳을 지나 교문 쪽으로 쫓겨 나가는 교장의 모습을 목격할 수 있었다. 교장의 아들은 우리 반 친구여서 마음속으로 무운을 빌어 주었다.

그 후 미군정 3년을 거치면서 혼란기가 계속되는 가운데 1950년 3월에 나는 월곶초등학교를 졸업했다. 그리고 그해 서울의 중학교에 입학한 지 3개월 만에 6·25전쟁이 터지는 바람에 고향으로 쫓겨 오고 말았다.

따뜻한 사랑과 큰 꿈을 심어 주신 선생님들의 그 은혜를 되새겨 본다. 그동안 나는 대학에 몸담아 연구하고 가르치며 교직자로서 젊은 영혼들을 위해 지금까지 헌신해 왔다. 그러나 모교와 후배들에게 아무런 도움도 주지 못해 부끄럽기 그지없다.

펄벅 여사가 말하기를, "젊은이들은 도저히 이룰 수 없는 무모한 꿈을 꾸다가 그것을 실현할 수 있다."고 했다. 꿈나무 후배들이여! 원대한 야심을 가져라. 그러면 그 꿈은 반드시 성취될 것이다.

100살의 성숙된 우리 월곶초등학교가 21세기의 급속도로 변화되는 사회의 새로운 패러다임에 부응하여 역동성 있는 발전이 있기를 마음 모아 기원한다. 졸업식 날에 현제명 작곡, 김원혁 작사의 〈교가〉를 힘차게 부르며 스승님과 후배들에게 석별의 정을 나누던 그때의 추억을 떠올려 본다.

> 이 강산에 빛이 오니 모두 새로워/ 억만년 밝혀 주는 문수 송백을
> 뜻 삼아 배우자 마음에 품고/ 길이길이 빛내자 우리의 월곶

(2015)

잃어버린 마음을 찾아

오랜만에 아내와 함께 장을 보러 대형 마트에 갔다. 아내는 언제나 그랬듯이 구입할 물목을 적은 쪽지를 연방 보면서 쌀 · 소고기 · 야채 · 멸치 · 우유 · 사과 · 식재료 등을 카트에 담았다. 계산대에 가 물건 값을 지불하려는데 여느 때와 달리 그 값이 꽤나 많게 느껴졌다. 그러고 보니 요즘 물가가 연일 천정부지로 올라 서민들 장바구니가 무겁게 느껴지는 것이었다. 물가를 다루는 공직자들은 서민들의 이런 사정을 아는지 모르는지 참 답답한 노릇이었다.

카트를 끌고 포장대로 나와 물건을 세 개의 박스에 나눠 담고 비닐 끈으로 묶은 다음 차에 싣고 집으로 돌아왔다. 그런데 박스를 묶은 비닐 끈을 자르기 위해 세탁장 안에 둔 검정색 가위를 찾았지만 보이지 않았다. 그래서 우선 새로 구입한 주방용 분홍색 가위를 사용한 후 다시 그 검정색 가위를 찾았지만 찾지 못했다. 그 이튿날도 찾았지만 헛수고였다. 내 기억에 그 검정색 가위는 아내가 40년 전에 구입해서 부엌에서 무 · 배추 · 김치 · 육류 등을 썰어 날이 무디어졌고 색깔도 싫증날 정도가 되었다. 그러나 아직은 그런 대로 쓸 만했지만, 새로 구입한 분홍색 가위에게 그 자리를 내주고 허드렛일만 하는 뒷방 신세가 되었다. 그 가위가 비싼 가보家寶는 물론 아니고 오랜 세월 손때가 묻고 감가상각이 끝난 기구에 불과하긴 해도 그리 쉽게 잊힐 수는 없는 것이었다. 그러고 보니 막내딸 안젤라가 네살 때인가, 그 가위로 아빠의 와이셔츠를 이유 없이 잘라서 엄마에게 야단맞은 적도 있었다. 그 후 여러 날이 지나 가위를 찾을 생각을 접고 말았다.

그러던 어느 날 서재에서 책을 뒤적이다가 책꽂이 아래에서 그 가위를 발견했다. 얼마나 반가운지 말할 수 없는 희열을 느꼈다. 아내는 헌 가위를 가지고 왜 그리도 집착을 하느냐고 말했다. 사실 가치로 따지면 하찮은 것이었지만 나는 쉽게 포기하지 않았다. 만일 그것이 인간의 경우라면 쉽게 포기하거나 냉정할 수 있을까. 오늘날 우리 사회는 모든 것을 돈의 기준으로만 평가한다. 하지만 세상사가 돈 아닌 그 가치와 효용성, 애착 등으로 평가되는 경우가 있지 않은가 말이다. 40여 년을 부린 주인이라면 응당 그에 상응하는 대가를 치러야 할 것이 아닌가 싶다.

언젠가 내가 글을 쓰고 있는 것을 아는 제자가 팡차오후이方朝暉가 쓴 책 ≪나를 지켜낸다는 것≫ 한 권을 선물했다. 팡차오후이 교수는 중국 칭화대학교 인문대 교수이며 하버드대, 서울대, 대만 포광대에서 중국 사상사를 연구하고 십여 년간 명 강의로 인기 있는 엘리트 교수로 손꼽히고 있다. 그는 책에서 맹자의 '구방심求放心'을 소개했다. 나는 그 책을 거의 매일 정독하며 마음을 다스리는 시간을 가질 정도로 심취했다. 그 덕분에 한시漢詩를 자주 접하는 계기가 됐다.

> 人有鷄犬方인유계견방 卽知求之즉지구지 有放心而不知求유방심이부지구. 學問之道無他학문지도무야. 求基放心而已矣구기방심이이의. –孟子
>
> 사람이 닭이나 개를 잃어버리면 곧 찾을 줄 아나, 잃어버린 마음은 찾을 줄 모른다. 학문의 도는 다른 것이 아니다. 그 잃어버린 마음을 찾는 것이다. –맹자

'방심'이란 잃어버린 마음이다. 그래서 "학문의 도는 다른 것이 아니다. 잃어버린 마음을 찾는 것뿐이다."라고 한 것이다. 맹자가 말한 학문이란 오늘날 학교에서 배우는 교과목이 아니라

더 나은 인간이 되기 위한 학문을 말한다.

사실 우리는 자신의 마음을 잃어버리는 유혹이 많은 사회에 살고 있다. 일찍이 아놀드 토인비는 '서구의 물질만능주의의 폐해'를 지적하면서 윤리 도덕이 살아 있는 동양의 효孝 사상을 존중하는 세계를 극찬한 바 있다. 토인비의 마지막 남긴 말을 두고 두고 되새겨 보아야 할 것이 아닌가 싶다.

돌아가신 뒤 불러 보고 울어 봐도 못 오시는 부모님, 후회해도 소용없는 일이다. 살아생전 지성을 다해 모심이 효도이고, 자식이 해야 할 당연한 도리다. 그는 "장차 한국이 인류에 기여할 것이 있다면 그것은 바로 효孝 사상일 것이다. 만약 지구가 멸망하고 인류가 새로운 별로 이주해야 한다면 지구에서 꼭 가지고 가야 할 제일의 문화는 한국의 문화"라고 말했을 정도로 효는 우리나라와 동양을 넘어 인류의 보편적 덕목이다. 그러나 만행의 근본인 우리의 효와 경로 정신이 퇴색돼 가정과 사회적 도덕성은 물론 우리 민족의 정신문화 퇴폐가 심히 염려스러운 일이 아닐 수 없다. 아무리 개인주의와 황금만능주의에 살아도 부모님의 은혜만큼을 잊어서는 안 된다.

효孝의 근본 사상은 부자자효父慈子孝이다. 어버이는 자식을 사랑하고 자식은 부모를 공경해 모신다. 우리는 잃어버린 그 마음을 찾으며 살아야 하지 않을까.

(2016)

Chapter 6

민주화의 꽃

소리 없는 소리를 들어야

민주화의 꽃

지자체의 기업가적 경영 방식으로의 전환

재정 운영의 방만성 유감

노령화 사회는 성숙한 복지사회인가

일본 태양의 집 방문

비파자키 성모의 언덕 방문

하와이Hawaii 기행

오사카 사회복지 시설 연수

한국 사회가 해방 이후 근대적 국민 국가를 형성하는 데 가장 시급하고도 핵심적인 과제는 서구와는 정반대로 지방 분권화를 통해 전통적인 중앙집권적 정치 질서를 넘어서서 근대적 민주정치를 구현하는 일이었다. 1949년에 채택된 근대적 지방자치법은 바로 이 같은 의미를 담고 있었다고 말할 수 있다. 따라서 서구적 발생 기원을 갖는 지방자치제도에 대해 현재 논의할 수 있다는 것 자체가 적어도 한국 사회에서는 이 시대의 우리만이 향유할 수 있는 특권임에 틀림없다.

소리 없는 소리를 들어야

민선 4기의 지방자치가 출범한 지 5개월이 되었다. 강경구 김포시장은 의욕적인 100대 시책을 추진하기 위해 청사진과 함께 적극적이고 효율적인 실천 의지도 강조하고, 이를 위한 공직자의 조직 운영이 원활하지 못한 데 대한 질타성 경고도 했다. 아무튼 그 사업 내용 면에서 전시 효과적인 것이 아니고, 오직 '살기 좋은 김포', 그리고 시민의 실질적인 복지 증진과 쾌적한 전원도시를 만드는 설계와 실천 사업의 계획이기를 바랄 뿐이다.

지방자치는 주민의 삶의 질quality of life을 향상시키는 복지 증진에 궁극적 목적이 있다. 그러나 과거의 관료적인 지자체는 주민에게 군림하여 여러 면에서 행정 편의적이고, 불친절하고, 느리고, 비능률적인 데다가, 무사안일한 행정 관행이 지배돼 온 것도 부인할 수 없다. 더구나 우리나라는 서구의 전통에 비해 적어도 통일신라시대 이후, 한국의 역사에는 권력의 지방분권이나 지역 자치가 존재한 적이 없었다. 조선시대의 사회는 강력한 가산관료제patrimonial bureaucracy의 중앙집권적인 권력 구조가 확고하게 구축돼 왔다. 그리고 아직까지 우리에게는 주민이 주인이 되는 민주주의를 누릴 줄 아는 성숙한 시민 의식을 기대하기는 어려운 실정이다.

이러한 관료적 전통 의식이 뿌리 깊은 우리 사회에서 공직자의 의식이 많이 변화됐다고는 생각된다. 그렇지만 아직도 뼈아픈 살신성인의 정신이 수반되어야 한다고 생각한다. 베버는 "관료 조직이란 융통성이 없는 '쇠 우리iron cage'와 같은 조직이 될 것"이라고 했다.

우리는 지금 21세기의 무한 경쟁 시대라는 급박한 경제 전쟁의 전환기를 맞아 미국과 자유무역협정FTA을 협상 중에 있다. 또한 중국 · 캐나다 · 멕시코 등 앞으로 계속 여러 나라와 개방의 위기를 극복해야만 하기 때문에 행정 서비스의 새로운 패러다임이 모색돼야만 할 시점에 직면해 있다. 왜냐하면 국가 경쟁력은 바로 지방 경쟁력의 총화이고, 지방의 경쟁력은 지방의 행정 서비스 담당 공직자의 관료적이며 안티 글로벌화의 고루한 의식과

안일무사한 자세로는 결코 비교 우위 및 창의력과 자율성이 보장될 수 없기 때문이다. 그러므로 행정 서비스의 새로운 패러다임을 위해서는 첫째로, 지자체의 공직자는 주민에게 다가가 사명감을 가지고 봉사하는 행정 서비스를 적극적으로 수행해야 한다. 해야 할 일이 무엇이고, 또한 조직의 효율성 · 효과성 · 혁신성과 융통성을 발휘하기 위해서는 규정에 얽매이지 않고 예산체제를 바꾸어 낭비적인 예산 집행을 지양해야 한다. 따라서 지자체는 무사안일을 벗어나 예산 운영의 융통성 있는 체제 개편이 요구된다. 에베레스트 정상을 최초로 정복한 에드몬드 힐러리는 "우리가 정복해야 하는 것은 높은 산이 아니라 바로 자기 자신"이라고 했다. 음미할 만한 대목이다. 그리고 우리가 잘 아는 ≪삼국지≫에서 낙망과 무위도식을 하던 유비 · 관우 · 장비가 결의형제人的體系의 협력으로 진무재천하통일晋武宰天下統一을 달성한 과정에서도 조직의 마술을 엿볼 수 있다.

둘째로, 주민 지향적이며, 수익 창출형, 미래 지향적인 지자체가 되어야 한다. 지자체는 주민의 욕구 충족을 위해 다양한 서비스를 제공하고, 주민으로부터 세금을 거두어 쓰기만 할 것이 아니라 서비스 생산에 경영 마인드를 도입해 이윤의 극대화 동기를 부여하고, 비용 절감을 위한 투자로 지자체의 재정 자립도를 높이는 효과도 있는 수익 창출형 행정 서비스를 수행해야 할 것이다. 그리고 자율과 책임이라는 민주적 가치를 중시하는 지자체가 선택적 친화력이 큰 '영역주의적 접근 방법territorial approach method' 지역사회 개발 계획과 지방자치제가 고려해야 할 신 개념에 대한 프리드먼J. Friedman의 학설을 고려하고, 미래 지향적인 신도시 개발 사업을 추진함에 있어 쾌적한 전원도시화에 주의력을 집중, 이를 위한 제도와 법률의 개폐도 연구, 검토되어야 한다.

셋째로, 주민이 주체가 되는 참여 민주주의를 실현할 수 있도록 정책의 의사 결정 과정에 지역 주민의 핵심적 역할과 참여가 필요하다. 영국의 해리 스트릿H. Street 교수는 주민 참여의 필요성에 대해 "지방행정의 의사 결정이 강한 목소리와 약한 목소리뿐 아니라 소리 없는 소리를 듣는 데 인색해서는 안 된다고 강조했다. 주민의 대다수가 '소리 없는 소리'의 주인공이기 때문이다. 사실 요즘 행정 서비스의 지향은 개인보다는 조직화된 집단을 우선시한다. 하지만 어떤 주장이 정론正論인가보다는 정치적 영향력이 우선적 문제 결정의 요소로 작용하는 경향이 있다. 즉 시끄러운 일, 귀찮은 제도, 불필요한 과정의 기피 증세에 지배하는 행정 체질이라고 해도 과언은 아니다. 주민 참여를 기꺼이 받아들일 수 있는 행정 체질의 쇄신, 또는 발상의 전환이 선행돼야만 지방행정 서비스의 민주화는 꽃피울 수 있을 것이다.

마지막으로, 공직자는 국민의 심부름꾼으로서 봉사하는 정신으로 청렴해야 한다. 공직자 중 청백리는 많다. 퇴계 선생이 과거 시험을 보기 위해 서울로 가는 길에 수행한 종아이가 남의 밭에서 따 온 콩을 넣고 밥을 지어 올렸으나, 퇴계는 그 밥을 먹지 않음으로써 종아이의 버릇을 고쳤다고 한다. 퇴계 선생의 강직함을 교훈으로 삼아야 할 것이다.

(2006)

민주화의 꽃

제5공화국이 들어선 이래 여야 간의 정치적 쟁점 가운데 '뜨거운 감자 다루기'처럼 심각하게 부각되고 있는 것이 지방자치제이다. 1988년 4월 6일 공포된 개정 지방자치법에서 "지방의회는 시 · 군 및 자치구부터 구성하되 지방의회 의원의 선거는 1년 이내에 실시한다."는 조항이 있다. 이 법에 의하면 최초의 시 · 도의회는 시 · 군 및 자치구의 의회가 구성된 날로부터 2년 이내에 구성한다고 규정하고 있으나 오늘에 이르기까지 계속 유보되고 있다.

민주주의는 건전한 지방자치를 기초로 할 때 그 진가를 발휘할 수 있다. "지방자치는 민주정치의 원천이요, 민주주의의 꽃"

이라고 주장한 영국의 정치학자 브라이스J. Bryc의 견해에 공감하면서도 여야를 막론하고 정치권이 지방자치제를 정권 장악이나 유리한 위치를 차지하려는 수단으로 인식하고 있었다. 국민의 포괄적 정치 참여를 활성화하고, 지역 특성에 맞는 지역사회 발전을 도모할 수 있는 제도적 장치로 지방자치제도를 인식하고 있는 국민들은 지자제가 특정 정당의 정략 수단으로 전락되지 않을까 하는 우려와 함께 비애마저 느끼고 있다. 사실 지방자치제는 지역사회의 현안에 대한 지역 주민들의 자치적 자결권 행사를 기본으로 한다는 점에서 과두적寡頭的 정치 지배를 억제하는 분권적 민주주의의 핵심이 된다. 따라서 지방자치의 궁극적 목적은 주민의 복지 증진일진대, 지방자치는 민주국가의 주인인 주민들의 복지 증진을 위하여 행해져야 하는 것이다. 그렇기 때문에 국민들은 정치권과는 다른 의미에서 지자제의 조속한 실현을 고대하는 것이다.

근대의 민주주의가 서구의 역사적 전통에서 싹트기 시작했다고 볼 때 한국의 역사와 전통에서 권력의 지방 분권화 형태를 찾기란 매우 어려울 수밖에 없다. 한국은 적어도 통일신라시대 이후 한 번도 중앙집권적인 가산관료제patrimonial bureaucracy적 지배 체제에서 벗어난 적이 없었다는 미국의 사회학자 제이콥스N. Jacobs의 분석에 반론을 제기하기란 매우 궁색하다.

한국 사회가 해방 이후 근대적 국민 국가를 형성하는 데 가장 시급하고도 핵심적인 과제는 서구와는 정반대로 지방 분권화를 통해 전통적인 중앙집권적 정치 질서를 넘어서서 근대적 민주정치를 구현하는 일이었다. 1949년에 채택된 근대적 지방자치법은 바로 이 같은 의미를 담고 있었다고 말할 수 있다. 따라서 서구적 발생 기원을 갖는 지방자치제도에 대해 현재 논의할 수 있다는 것 자체가 적어도 한국 사회에서는 이 시대의 우리만이 향유할 수 있는 특권임에 틀림없다.

1952년 지방의회가 구성된 이후 1961년 5·16정변으로 지방자치제도의 전면적 실시가 유보되기까지 10여 년의 역사적 경험에서 지방자치제도는 중앙정부의 주요한 권력 강화 수단으로 활용되기도 하였다. 더구나 제3공화국 이래로 우리는 지방자치 전면 부재의 시대를 살아왔다. 폭넓은 국민적 참여가 결여된 상태에서는 민주정치가 질곡의 상태에서 벗어날 수 없었다. 국민의 이름으로 온갖 비민주의 정치적 배신이 난무해 온 것이다. 지방자치제도가 없는 지역사회의 발전은 더더구나 기대할 수 없다. 1960년대 이후의 경제성장 과정에서 지역적 불균등 발전은 극도로 심화되었고, 특히 도시와 농촌 간의 격차는 엄청나게 벌어졌다. 인구의 도시 집중화, 재정의 편재, 문화 공간의 편재 현상은 이미 경제성장의 대가로 우리 사회의 지역 간·계층 간의 갈등을 폭발적으로 표출시켰다고 할 것이다. 과두적 지배 구조에서의 지역 특성에 맞는 발전이란 한낱 장밋빛 환상으로만 의미를 가질 뿐이었다.

이제 민주주의와 지역사회의 발전, 그리고 국민의 복지를 위해서도 지방자치제도에 대한 논의는 더 이상 정치권의 전유물이 될 수 없다. 요컨대 지방자치의 목적 가치는 주민의 복지 증진이고 지도 이념으로서 민주성·능률성·형평성으로 실시될 때 주민 복지는 최대한 증진될 것이다. 형식적인 자치가 아니라 지역사회 발전과 복지를 위한 실질적이고도 합리적인 민주자치제는 국민의 책임과 관심, 그리고 열띤 담론 과정을 통해서만 일구어낼 수 있다. 주민 스스로의 참여를 기본으로 하는 지방자치제도가 꽃피우게 되기를 기대한다. 주민이 주인이 되는 민주화 시대, 지역사회 개발 시대로 발돋움하는 하나의 탐조등으로써 새로운 발전적 전망을 조명해 볼 수 있는 우리 국민 모두의 예리한 눈초리를 더욱 기대해 보는 것이다. 우리 국민도 천부적으로 인간다운 삶을 누릴 수 있는 권리를 가지고 있기에 말이다.

(1990)

지자체의 기업가적 경영 방식으로의 전환

지방자치 4대 선거가 6월 27일로 다가왔다. 제도적으로는 본격적인 지방화 시대에 돌입된다고 할 수 있으며, 지방화 시대의 진정한 의미가 원론적으로 말하면 정치적으로는 지방분권을, 경제적으로는 지역 경제 육성을, 그리고 사회적으로는 풍요로운 삶의 현장을 지방에서 찾자는 것이다.

따라서 이번 지방선거가 끝나면, 지방자치가 그 틀을 이루고 주민의 복지 증진과 민주정치의 원천이 되기 위해서는 지자체의 역할이 매우 중요시됨을 인식하게 된다.

요즘 정부 일각에서는 개혁의 기본 방향의 하나로 기업가적 정부의 전환을 생각하고 있는 듯하다. 필자도 이에 전적으로 동의하면서, 이번 선거를 계기로 그동안의 관료적인 행정 관행에서 벗어나 주민이 주체가 되는 지자체의 기업가적 경영 방식으로의 전환이 절실함을 강조하면서 몇 가지를 제언하고자 한다.

관료적인 지자체는 주민에게 군림하여 여러 면에서 행정 편의적이며, 불친절하고, 느리고, 비효율적인 것으로 인식되고 있다. 이러한 관료적인 문제를 불식시키기 위해서는 지자체도 기업가처럼(고객, 주주, 근로자, 정부 등 이해 관계자의 욕구 충족이 되도록 합리적이고 효율적인 경영 활동을 수행해야 하는) 주민의 욕구 충족을 위해 합리적이고 능률적인 경영을 수행하여야 한다는 말이다.

우리는 지금 1994년 UR협상이 타결되고 1995년부터는 WTO체제로 세계 무역 구조가 개편됨에 따라 무한 경쟁 시대에 돌입하고 있다. 국제 경쟁력 강화를 위해 중앙정부는 물론 지자체의 행정 개혁이 그 어느 때보다도 중요시됨으로써 경영 방식에 있어서 기업가적인 전환이 요구된다. 왜냐하면 국가 경쟁력은 바로 지방의 경쟁력의 총화이고, 지방의 경쟁력은 지방의 행정 서비스가 과거와 같이 관료적이며 반 세계화적인 고루한 의식과 안이한 자세로는 기업 환경의 비교 우위 및 창의력, 그리고 자율성이 보장될 수 없기 때문에 더욱 그러하다. 오스본 교수는 기업가적 정부를 그 유형별로 10가지를 제시했는데 그중에서 특히 지방자치단체에 강조되어야 할 유형으로 다음의 네 가지를 주장했다.

첫째로, 촉매성 지자체가 되어야 한다는 것이다. 즉 지자체가 스스로 노를 젓기보다는 방향 잡는 일에 중점을 두는 촉매 역할을 할 때 지역사회가 지자체를 움직이는 주체가 되어 참여 민주주의를 실현할 수 있기 때문이다. 지역사회가 주도하는 지자체란 지역사회에 권한을 부여하여 지역 주민이 문제 해결의 핵심적 역할을 수행하고 자치체는 다만 서브해 주는 역할을 담당해야 한다는 것이다.

둘째로, 사명 지향적 지자체가 되어야 한다는 것이다. 지자체가 해야 할 일이 무엇이고 그것을 효과적으로 달성하기 위하여 어떻게 해야 할 것인가를 모색하는 지자체를 말한다. 지자체는 조직의 효율성 · 효과성 · 혁신성 · 융통성을 보장하기 위하여 규정에 얽매이지 않도록 규정을 줄이고 또한 규정 중심의 예산 체제를 바꾸어 낭비적인 예산 집행을 지양하고 공무원들이 무사안일주의에 빠져 들지 않도록 예산 운영의 융통성 있는 체제 개편이 요구된다.

셋째로, 고객 지향적이며 수익 창출형 지자체가 되어야 한다는 것이다. 지자체는 주민의 욕구 충족을 위해 서비스 제공자 간의 경쟁을 통해 다양한 서비스를 제공받도록 고객의 선택의 폭을 넓혀 주어야 한다. 그래서 제도가 행정 편의의 설계에서 주민편의에 따른 문제 접근이 중요하게 인식되어야 할 것이다. 그리고 수익 창출형 지자체는 주민으로부터 세금을 거두어 쓰기만 할 것이 아니라 서비스 생산에 경영 개념을 도입하여 이윤의 극대화 동기를 부여하고 비용 절감을 위한 투자로 기업형 기금을 조성하여 기업처럼 수익을 창출하는 자치체가 되어야 한다. 지자체의 재정 자립도는 서울의 경우와 다른 지방 사이에 극심한 격차를 보이고 있으며 앞으로 본격적으로 지방자치가 실시되면 그 격차와 골은 더욱 깊어지는 양상을 보이게 될 수도 있다. 따라서 지자체가 건전한 재정 자립 확보와 생산적인 행정 서비스를 이룩하기 위해서는 공동의 이해와 협력을 쉽게 활용할 수 있고 자율과 책임이라는 민주적 가치의 가장 선택적 친화력selective affinity이 큰 영역주의적 접근 방법을 고려해야 할 것이다.

넷째로, 미래에 대비하는 자치체가 되어야 할 것이다. 각종 환경 오염을 정화시키는 사업보다는 사전에 환경 오염 방지를, 그리고 질병 퇴치나 범죄 소탕보다는 질병과 범죄가 발생하지 않도록 예방하는 것이 효율적이라는 말이다.

이처럼 지자체가 관료적인 관행에서 과감하게 벗어나 기업가적 경영 방식으로 전환함으로써 합리적이고 효율적인 행정 서비스가 기대된다. 그리고 지역사회의 공동체적 유대감을 도외시할 수 없으며 지역 주민들의 적극적인 참여와 동기 유발을 유도할 수 있는 틀을 마련해야 할 것이다.

(1995)

재정 운영의 방만성 유감

한국 민주주의는 건전한 지방자치를 기초로 할 때 그 진가를 발휘할 수 있다. 영국의 정치학자 브라이스J. Bryce는 "지방자치는 민주정치의 원천이요, 민주주의의 꽃"이라고 했다. 지방자치가 꽃피우기 위해서는 지역사회 현안에 대한 지역 주민들의 자치적 자결권 행사를 기본으로 한다는 점에서 과두제oligarchy 정치 지배를 억제하는 분권적 민주주의의 핵심이 된다. 그러므로 지방자치의 궁극적 목적은 주민의 복지 증진에 있다. 왜냐하면 민주국가의 주인은 주민이므로 지방자치는 주민 자신들의 복지 증진을 위해 행해져야 하기 때문이다.

우리의 역사와 전통에서 권력의 지방 분권화 형태를 찾기란 매우 어려울 수밖에 없다. 적어도 통일신라시대 이후 한 번도 중앙집권적인 가산관료제patrimonial bureaucracy적 지배체제에서 벗어난 적이 없었다는 미국의 사회학자 제이콥스N. Jacobs의 분석에 반론을 제기하기에 궁색하다. 이런 배경은 60년대 이후의 경제성장 과정에서 지역적 불균등 발전이 극도로 심화되었고 인구의 도시 집중화로 재정과 문화 공간의 편재 현상은 이미 경제성장의 대가로 우리 사회의 지역 간·계층 간의 갈등을 야기시켰다. 이제 우리는 국민의 포괄적 정치 참여를 활성화하고, 지역 특성에 맞는 지역사회 발전을 도모할 수 있는 제도적 장치로써 지자제地自制를 인식하게 된다. 그러므로 민주주의 지역사회 발전과 지방자치의 목적 가치는 주민의 복지 증진이고 지도 이념으로써 민주성·능률성·형평성으로 실시될 때 주민 복지는 최대한 발휘될 것이다.

그러므로 주민의 복지 증진을 실현시키려면 지자체가 재정을 효율적으로 운영하고 지방 재정의 건전성과 책임성이 강화되어야 한다. 최근 지방 재정 지출은 사회복지 부문이 크게 증가한 데다가 2010년 성남시의 5,200억 원에 대한 지급 유예 선언, 용인시의 경전철 사업과 관련 7,786억 원의 손실, 인천시의 재정 악화와 재무 관리 실패로 인한 공무원 수당 지급 연기 등 여러 지자체의 방만한 예산 운영이 문제점을 노정시킨 것 또한 사실이다.

요즘 우리나라는 지방세 수입이 줄어드는 반면 재정 지출이 급격히 증가하여 지자체의 재정 환경이 심각하다. 이 같은 재정의 위기 상황은 지자체가 책임 있는 재정 운영을 구현하지 못한 점도 있지만, 중앙정부 재정 의존도가 높아져 지자체의 재정 자립도가 낮기 때문이기도 하다. 2012년 현재 지방 재정 위기는 자체 공무원 인건비를 미결한 단체가 지방세 대비 123개(53.9%), 자체 수입 대비는 41개(18.6%)에 이르고 있음을 봐도 짐작이 간다.

우리나라의 지방 재정 자립도는 1991년에 전체 평균이 79.1%에서 2012년에는 52.3% 수준에 불과하다. 그러나 서울이 88.7%, 광역시가 55.0%, 9개 도는 35.2%, 전남은 14.6%(남원 8.3%, 고창 7.8%)로 나타나 서울과 지방 간의 재정 자립도 수준이 큰 격차를 보이고 있다(김포시의 재정 자립도는 51.09%, 재정 자주도 67.89%이다.).

또한 재정 자주도는 전국 평균이 77.2%이며 서울이 89.6%, 광역시는 71.9%, 도가 48.0%, 전남이 34.1% 등 여전히 농어촌 지역이 낮다. 다만 제주특별자치도의 경우 재정 자립도는 낮지만(28.2%) 재정 자주도는 높게(67.4%) 나타나 있다.

그런데 2012년 중앙정부와 지자체의 재정 비중은 각각

42.78%, 42.2%로 동등한 수준이지만, 지자체가 사실상 중앙정부 의존도가 높다. 따라서 지자체가 재정의 건전성·책임성을 가지고 자결권 행사를 수행하려면

첫째, 지자체의 자율 책임적 지역사회 개발 방안이 폭넓게 검토되어야 한다. 그리하여 지역사회의 쾌적한 환경을 보호하면서 고용 효과와 산업 발전을 위해 지역 특성에 맞는 산업체가 선별되어야 한다.

둘째, 지자체의 지방 재정 확충을 위해 지방세의 비중을 높여야 한다. 2012년 현재 지방세의 비중은 27.2%로 국세의 약 1/4에 불과하다. 따라서 국세의 일부를 지방세로 이양하고, 현재산 과세 중심에서 신장성이 높은 소득·소비 과세 중심으로 전환돼야 한다. 특히 2010년에 도입된 부가가치세 5%를 10%~20%까지 확대하는 등 전반적인 세제 개편이 검토되어야 할 것이다.

그렇지만 과거와 같은 지자체의 방만한 예산 운영은 용납될 수 없을 뿐만 아니라 이를 사전에 예방할 수 있는 제도적 장치가 요구된다. 특히 지방의회가 전문성을 발휘하여 적극적으로 감시와 견제를 해야 한다. 지역 주민의 예리한 눈초리를 기대해 본다.

(2012)

노령화사회는 성숙한 복지사회인가

최근 통계청은 우리나라의 총인구가 2015년 말 현재 5천 154만1천 명이다. 그중에서 65세 이상 노인 인구는 1993년 714천 명에서 2014년 629만6천 명으로 전체 인구의 12.7%에 이른다고 발표했다. 이는 우리나라도 2000년에 노령화 사회aging society인 7%에 진입한 이후, 이 같은 추세로 가면 세계에서 그 유래가 없는 초고속 노령 사회aged society가 되는 14.3%(통계청의 2018년 추정치)이다. 따라서 2026년은 20.8%로 본격적인 초 고령 사회가 될 것이며, 2050년에 가면 65세 이상 노인이 전체 인구의 38.2%(1천8백만 명)가 될 것으로 전망하고 있다.

노령화 사회 현상은 세계적인 추세로 세계보건기구WHO가 지난해 10월 1일 세계 노인의 날을 맞아, 인구의 급격한 노령화는 경제정책, 생활 패턴 등에 엄청난 영향을 미칠 것으로 예상하면서 우려를 나타냈다. 세계의 60세 이상의 고령 인구는 현재 6억5백만 명이며, 2025년에는 그 두 배로 늘고 2050년에 가서는 무려 약 20억 명에 달하게 되어 추정 세계 인구 78억을 기준으로 할 때(일본의 경우는 현재 1억27백만 인구가 60년에는 8천7백만 명으로 줄어든다고 예측됨) 노인 인구는 세계 전체 인구의 25.6%에 달하는 예측이 가능하다. 각국의 노령화 수준을 보면 일본은 1994년에 노령 사회인 14%를 이미 넘었고 2002년 10월에 18.5%로 65세 이상 인구가 2,360만 명이었고, 2014년 현재 65세 이상 고령자는 26%로 무려 3,300만 명에 이르고 있다. 세계에서 최고 수준의 초 고령 사회이다. 그 외 이탈리아는 18.2%(2001), 스웨덴 17.4%(1997), 독일 16.2%(1999), 프랑스 15.9%(1999) 순으로 나타나고 있다. 이러한 노령화 사회 현상에 대해 오래전에 세계적인 석학인 미국의 하버드대학의 드러커 교수는 기업 경영에서 제일 먼저 고려해야 할 환경은 심각한 노인 인구의 증가 현상이라고 우려한 바 있다.

(1) 성숙한 사회화로의 비전

미국의 사회심리학자 에릭슨F. M. Erikson은 인간의 고령기를 '성숙 시대mature generation'라고 했고, 일본의 사회사업대학장이었던 미우라 후미오三浦文夫 교수는 오늘의 '노령화 사회'라는 말 대신 '성숙한 복지사회'라고 표현했다. 21세기의 세계 정치, 경제 및 사회 체계의 큰 변화에 따른 비전을 말한 것으로 이해된다.

각국의 노령화 추세와 더불어 우리나라의 경우는 급격한 경제성장으로 1960년에 평균 수명은 남자 53.0세, 여자 57.8세였던 것이 2000년에는 남녀 평균 수명이 75.9세로 나타났고, 2020년에는 남자 77.5세, 여자 84.1세로 남녀 평균 수명이 80.7세로 급속도로 수명이 연장된다고 통계청은 전망하고 있다. 이러한 추세를 감안하면 '인생일백고래희人生一百古來稀'라는 말로 바뀔 날이 머지않은 것 같다. 그리고 사회 지표를 보면 60세 이상 노인이 노후를 준비하는 사람은 53%에 불과하고, 여자의 경우는 30%로 노후 대비에 등한시해 왔다. 사실 이들 세대는 일제강점기에 태어나 온갖 억압과 참혹한 한국전쟁을 겪고 가정, 기업, 국가를 위해 희생하고 특히 자식 교육을 위해 등골이 빠진 세대다. 그러므로 이들 세대는 노후 준비란 엄두도 낼 수 없었다.

80세 이상 초 고령자가 격증하고 있어 인류의 수명 장수가 어느 정도 달성되었다고 하나 기뻐할 일만도 아니다. 80세가 지나면 거동이 불편하고, 최근에는 치매성 노인의 격증에 대한 전문적인 요양 서비스 제공 시설이 턱없이 부족하며, 경제적, 사회적 안전망 장치의 불비 등 구조적 문제가 많다. G. H. 존스가 〈유럽 문화의 황혼〉에서 한국은 세상에서 가장 경친사상敬親思想이 강한 문화요 효도 문화권에 속한다고 극찬하면서, 그것이 노인 봉양 문제를 해결하는 방법처럼 말했지만 그것은 장밋빛 환상에 불과하다. 한국이 동방예의지국東方禮義之國으로서 그 미덕을 복지 정책과의 연계, 승화시키는 방안을 강조한 것으로 생각되지만 과연 그럴까 의구심이 들기도 한다.

(2) 노인수발보험제도의 도입 배경

노인이 나이가 들면 심신 기능 감퇴로 각종 장애, 질병, 특히 치매성 정신 질환이 나날이 증가하여 이에 대한 노인 수발 문제는 매우 심각하다. 따라서 정부는 '수발보험제도'를 2008년 7월부터 도입, 시행해 왔다. 일본에서는 '개호보험제도'를 오래전에 시행해 왔지만 몇 년 안 돼서 또다시 개혁을 단행했다.

최근 우리나라는 노인들의 사회로부터의 경시와 소외 현상이 자살로 나타나고 있다. 오래된 경찰청 자료에 의하면 61세 이상 노인 자살 수는 매년 크게 늘어났고 해마다 증가하는 추세며, 하루에 10명 가량의 노인이 자살이라는 극단적인 방법으로 삶을 마감하고 있다고 하니 정말 답답할 노릇이 아닌가. 독일의 문호 괴테는 늙어서 가족으로부터 소외당하자 식품 창고 열쇠를 베개 밑에 감추어 두고 자손들이 끼니때마다 찾아오게 했다. 각자 저 먹을 것을 들고 나오게 하여 이를 저울에 달아 분배하곤 했는데, 그렇게 자손들을 불러들여 소외감과 고독을 소멸시켰다 하니 눈물겹다.

K시의 경우도 본지의 보도 자료에 의하면 지난해 자살한 노인이 무려 40여 건에 달하며, 특히 80세의 치매성 노부부의 음독 자살 행위의 실상은 참으로 안타까운 일이다. 좀 시간이 된 경우지만 정신 보건 센터의 치매 상담은 나날이 높아만 간다. 그러나 치매 노인을 돌볼 수 있는 전문 시설이 부족한 상태이다. 따라서 노인을 위한 예산 확대와 사회적 프로그램 개발 등의 대책이 절실하게 제기된다.

최근 일본의 경우 해마다 1만 명 넘는 사람이 목욕탕에서 익사한다는데 대부분 노인들이라고 한다. 홀로 살다 그렇게 죽으면 며칠씩 모른 채 지나가기 때문에 '욕조 익사'를 막는 장치가 등장했다고 한다. 우리나라는 독거노인이 2015년 말 현재 130만 명이나 되는데 대부분 빈곤층이다. 자식에게 짐이 될까 혼자 고단한 삶을 살다 자살로 생을 마감하는 일은 외국에서는 보기 힘든 일이며 한국적인 현상이라고 할 수 있지 않을까 싶다. 그렇다면 이러한 비극적이고 처절한 현상에 대해 어떻게 대처할 것인가. 정부는 저 출산과 고령화 사회에 대처하기 위한 기본법을 제정하면서 2020년까지 경제협력개발기구OECD의 평균 수준인 출산율을 1.6%까지 끌어올리는 목표를 설정하고 이를 실행한다는 것이다. 그런데 미국이나 유럽의 노인복지 예산은 전체 예산의 15% 수준이며 일본 및 대만도 각각 3.7%, 2.7%인데 비해 우리는 매우 열악한 실정이다.

(2015)

일본 태양의 집 방문

나는 작년에 이어 이번에도 여름방학을 이용해서 윤완수 교수, 학생 32명과 함께 일주일 동안 규슈 지방의 벳부別府의 태양의 집太陽の家을 방문했다. 나는 지도 교수로서의 책임감 때문에 긴장하며 여정을 보냈다.

우리들은 7월 5일 비행기로 김포공항을 출발하여 태양의 집에 가기 위해 규슈 지방의 OITA공항에 도착하였다. 공항에서 태양의 집으로 가려면 관광버스를 이용하는 것 외에는 다른 방법이 없었다. 공항에서 입국 수속 후 출구로 나가려는데 비가 쏟아져 버스에 오르는 동안 비를 흠뻑 맞았다. 버스로 약 40분 정도 걸려 태양의 집에 도착했다. 정문에는 우리를 안내해 줄 국제과장 Manabu Aso 씨가 우리를 맞아 주었다. 인사를 나누며 명함을 교환했는데, 그분의 명함 윗면에 있는 "No Charity, but a Chance!"라는 문구가 내 눈을 끌었다.

태양의 집은 1965년에 설립했다. 장애인이 각자 자기 능력에 맞는 일을 선택, 자립 생활의 목표 아래, 일할 의욕을 가진 장애인 주주회와 대기업(SONY, HONDA, 오므론 등), 태양의 집 설립 협력자 등 3자가 공동 출자해서 만든 공동체로, 일본에서 유일하게 장애인이 주축이 된 회사이다. 태양의 집은 장애인에게 종합적인 재활 기회로 사회 · 경제 · 문화 활동에 적극적으로 참여하도록 지원하는 사업체다. 6개 분야의 시설이 있는데, 첫째, 수산 시설은 고용되기 어려운 장애인에게 필요한 훈련과 취업 기회를 주어 자활할 수 있도록 지원하고 있고, 둘째, 복지 공장은 일할 의욕과 능력을 갖고 있지만 일반 기업에 고용되지 못하는 중증 신체 장애인에게 편의 시설을 갖춘 직장을 제공함으로써 삶의 보람을 찾아 생활하도록 지원하는 공장이며, 셋째, 회사는 대기업(SONY, HONDA, 오므론 등)과 태양의 집 설립 관계자 및 신체장애인 주주회 등 3자가 공동출자한 회사이다. 신체 장애인의 자본 · 경영 참가를 주축으로 기업은 경영 · 기술면을, 태양의 집은 인사권을 담당함으로써 모두가 참여하는 전반적인 협력 체계를 갖추고 있다. 넷째, 중증 신체 장애인 갱생 원호 시설로, 고령자로서 기능이 저하되어 취업이 곤란한 중증인 지체부자유자에 대해 필요한 재활 훈련을 실시하여 사회 또는 직장에 복귀할 수 있도록 지원한다. 다섯째, 신체 장애인 요양 시설로, 늘 보호를 필요로 하는 신체 장애인, 고령자로서 기능 저하가 현저한 장애인을 대상으로 하는 재활 · 생활 학습 훈련 시설이다. 또 인근에 재가 장애인을 위한 주간 보호 센터도 운영하고 있다.

태양의 집은 담장이 없으며 일반인도 함께 사는 한 마을을 형성하여 은행, 슈퍼마켓, 스포츠센터, 병원 등 각종 편의 시설에 장애인이 직원이며 장애인 집도 57가구나 된다. 태양의 집의 입소는 장애인 복지 사무소에 신청해야 하며, 신체검사를 받은 후 검사 결과에 따라 적재적소에 배치된다. 대상 연령은 16세부터 60세까지이며 35세가 평균이다. 태양의 집의 운영 관리의 문제점은 첫째, 불경기 때 생산 주문 활동의 한계와 이익 보장의 문제점이 있고, 둘째, 부품 조립 작업은 점점 더 정밀성이 요구되는 반면에, 장애인은 작업 능률상 문제점이 있다.

태양의 집과 자매결연한 우리나라의 '정립회관'은 그 운영 체제가 태양의 집과 유사하며 삼성전자의 부품을 조립하는 생산 시스템을 갖추고 있다. 태양의 집의 작업 내용별 인적 구성은 1993년 현재 총 1,349명이며 장애인이 893명(66%)이나 된다. 분야별로 보면 제어 기기 조립 370명(장애인 312명, 84%),

자동차용 부품 조립 332명(장애인 274명, 83%), 음향 기기 조립 188명(장애인 119명, 63%), 사무국 198명, 기타로 구성되어 있다.

(1993)

하와이Hawaii 기행

우리나라의 7월은 언제나 장마와 태풍으로 물난리를 겪는다. 금년은 제발 잘 넘기기를 바라지만 걱정이 태산 같다. 우리는 비행기 출발 시간이 오후 8시 30분이라 그 시간에 늦지 않도록 당부하고 모두 김포공항 집합 장소에 모이도록 알렸다. 하지만 항상 시간을 지키지 않는 사람 한두 명이 생긴다. 출발 30분 전에 비행기에 보딩이 끝나 기체는 요란한 굉음 소리를 내면서 활주로를 벗어나 하늘로 올랐다.

직항으로 9시간 비행 끝에 하와이Hawaii에 도착하였다. 공항 대합실에는 몸매가 풍만하고 아름다운 하와이 아가씨들이 우리에게 "Aloha!" 하고 인사말과 함께 환영 꽃다발(레이)을 목에 걸어 주었다. 참 기분이 좋았다. 하와이는 태평양의 중앙에 있고 여러 개의 섬으로 이루어져 있으며 해양성 기후로 기온이 온화한 편이라 활동하기에 좋은 나라다. 땅은 대부분 화산으로 된 섬이며 산호초가 많다. 사탕수수, 파인애플이 많고 제당과 통조림 공업이 발달되었으며 커피, 담배, 쌀을 수출한다. 주민의 대부분은 동아시아에서 이민 온 사람들이다. 원주민은 폴리네시아의 '카나카 족'으로 왕국에서 공화국을 거쳐 1899년에 미국에 합해졌다. 주도는 호놀룰루이며 우리나라 교포들이 많이 살고 있다. 한국인 교포들은 처음에 사탕수수밭을 경작하게 되었는데, 대부분 노총각이어서 우리나라에 와 나이를 속이고 처녀들을 구해 데려 갔다고 한다. 호놀룰루의 면적은 16,635km^2이다.

첫날은(1995년 7월 14일) 호놀룰루의 Maluhia Long Term Care Health Center를 방문했다. 우리들은 공항에 도착하자마자 피곤을 무릅쓰고 곧바로 시설 견학에 들어가기 위해 대기하고 있던 대형 버스에 올랐다. 버스는 시내를 미끄러지듯 벗어나 외곽의 조용한 길로 들어서더니 낮은 언덕 위에 위치한 5층짜리 하얀색 건물 앞에 도착하였다. 멀리 검푸른 바다와 시내의 높은 빌딩이 한눈에 내려다보이는 전망 좋은 곳이었다.

우리는 그곳의 시설 책임자인 하야시다 박사의 안내를 받아 Care Health Center의 사업 내용에 대하여 설명을 들었다.

Maluhia는 하와이어로 peace, rest, quiet라는 말이다. 그곳은 장기간 치료를 요하는 환자를 무료로 치료해 주는 정부 운영 사회복지 기관이다. 2명의 의사가 상주하며 간호사, 상담자, 레크리에이션 지도자 등 다양한 전문 인력이 있으며, 일부 인원은 파트타임으로 고용되었다. 사업은 크게 다섯 가지 프로그램이다.

(1) 요양원Nursing Home은 158개의 병상을 갖추고 있고, 장기간 치료를 요하는 중풍 환자 등 거동이 불편한 50세 이상의 환자를 입원하게 하여 무료로 치료해 주는 프로그램으로 1인당 하루 150불의 주정부 지원금이 지급된다. (2) 건강 케어 서비스 센터Home Health Care Service는 가정에 남아 있는 환자나 그의 가족에게 적절하고 지속적인 간호를 위해 주사, 투약 방법 등을 가르쳐 주는 프로그램으로 1일 40명에게 실시한다. (3) 성인 주간 건강 케어Adult Day Health Care는 가족이 경제활동 때문에 환자를 돌보지 못하는 경우에 낮 시간에 돌보아 주는 프로그램을 실시한다. (4) 노인 주거 프로젝트Elderly Housing Project는 노인들에게 운동을 하거나 마사지를 해 주는 프로그램이다. (5) 노인 환자 케어 홈Waitlist Project Care Home은 병원에 있는 노인 환자를 가정에서 보살피게 하고, 간호사가 가정을 방문, 치료를 돕는 방법으로 주정부의 예산에 맞추어 시행하는 프로그램이다.

하야시다 박사는 두 번째로 하와이 주택국Hawaii Housing Authority을 안내해 주었다. 주택국은 고즈넉한 교외에 자리 잡고 있으며, 하와이 시민으로 무주택자에게 집을 공급해 주는 일을 하고 있다. (1) 가난한 사람들에게 아파트와 주 3회 식사를 제공하고, 62세 이상의 노인에게는 무료로 사용하도록 제공하고 있다. 62세 미만자의 경우에는 월 200달러의 사용료를 낸다. (2) 하와이 거주민 중 정신적 장애인은 Studio라 불리는데 그들에게 1개의 방을 제공해 주는 원룸 시스템이다. 이는 클라언트에게 행동 반경을 제한하는 효과가 있음을 의미한다. (3) 집 없는 부랑자에게도 2년간 무료로 거주하도록 하고 있다. 깨끗한 환경과 휴식 공간이 마련되어 있다. 아파트 내에는 정원과 채소밭을 마련, 입주자들이 소일할 수 있도록 아늑한 생활 공간도 마련해 주고 있다.

둘째 날(7월 15일)은 University of Hawaii 'Executive Development Program 9504'에 참가했다. 호텔 커튼에 비친 아침 햇살! 하와이의 수돗물은 철저한 수질 관리로 화장실에서도 물을 그대로 마셔도 된다. 아침에 일어나 한 컵의 물을 거침없이 마시니 오장육부가 시원함을 느꼈다. 창밖 저 멀리 야자수 사이로 보이는 와이키키 해변에 쏟아지는 아침 햇살은 금모래를 뿌려 놓은 것 같은 착각이 들 정도로 아름다웠다.

하와이 주립대학의 세미나에 참여하기 위해 버스로 Manoa Campus인 하와이대학교로 가 경영대학 강의실로 들어갔다. Asia-Pacific Center for Executive Development의 책임자인 Robert J. Velk 박사의 인사에 이어서 몰몬교 소속의 Sheley Lee 박사가 강의를 맡고 통역은 하와이 이민 2세인 이상욱 박사가 맡았다. 현재 미국 사회의 가장 큰 문제 중의 하나는 혼인한 사람 중 50%가 이혼함에 따라 그들 자녀의 경제적, 사회적 부적응 및 범죄인데, 이 문제를 해결하기 위해 국가는 큰 재정적 부담을 안고 있다는 것이다. 사회복지사인 Sheley 박사는 그 일을 예방하고 치료하기 위해 결혼 상담, 미혼모 · 성폭행에 관한 상담, 동성 연애자에 대한 상담 등 전문적인 상담을 맡고 있다. (1) 결혼 상담은 부부의 원만한 결혼 생활에 관한 것, (2) 미혼모 상담은 1년에 미혼모로부터 출생한 자녀가 100만 명이나 되며, 1,200억 달러의 예산이 소요된다. 이들 자녀들은 '갱'이 되거나 마약, 방화범 등의 범죄를 저지르며, 여자 아이의 경우는 자기 어머니처럼 또다시 미혼모가 된다는 것이다. (3) 성폭행은 여아의 1/3, 남아의 1/7이 성폭행으로 일생 동안 불행한 생활을 겪는다. (4) 동성 연애자 문제는 미국 내 사회 현상 중 하나로 20여 년 전부터 지금까지 동성 연애자가 부각되었고, 60~70%의 호모는 그 환경에서 벗어나 치료가 가능하나 그 방법을 모르기 때문에 고통을 당하는 경우가 많다고 한다. 끝으로 이상욱 박사의 이민사를 들으면서 이 프로그램을 마쳤다.

셋째 날은 자유 시간이다. "와~! 신난다." 하며 긴장을 풀었다. 우리는 차를 타고 순환도로를 따라 돌았다. 창밖으로 보이는 와이키키의 바다 풍광이 아름다운 한 폭의 그림을 연상시켜 즐거웠다. 그리고 비행기로 하와이에서 두 번째로 큰 남섬에 갔다. 지역 전체가 사탕수수밭이었다. 자연의 아름다움을 만끽하며 많이 걸었다. 100여 년 전 이민자들의 고독했던 개척자들의 삶을 상상해 보았다.

넷째 날(7월 17일)은 Waimanu Training School & Hospital을 방문했다. 버스로 하와이 순환도로를 한참이나 달려서 Pearl City에 있는 Waimanu Training School & Hospital에 도착해 Maruin Matsuda 씨의 안내를 받았다. 그곳은 1921년에 100~800명의 환자를 대상으로 프로그램을 실시하였으나, 현재는 정신 질환자와 의료 보호를 필요로 하는 70여 명만을 대상으로 치료해 주고 있다. 정신 질환자들은 일본과 우리나라에서 출입을 통제하고 있는 것과는 다르게 자유롭게 행동하도록 하고 있다. 예를 들어, 환자들이 크게 소리 지르는 등의 잘못된 행동을 보이더라도 제재하지 않는다. 그들의 관리 방법은 자유롭게 하면서 약물은 투여하지 않고 카운슬링만으로 치료한다고 한다. 혹시 환자들의 난폭한 행동이 발생하지 않을까 하여 경찰이 수시로 방문한다고 한다. 역시 미국은 자유를 사랑하는 국가인 것 같다.

7월 19일, 드디어 서울로 귀환하는 날이 되었다.

(1995)

오사카 사회복지 시설 연수
- 부립 금강코로니 -

사회복지 전공 학생 30여 명을 인솔하고 해외 실습의 일환으로 일본 오사카 '부립 금강코로니' 장애인 시설에서 일주일 동안 실습에 참가했다. 숙소에서 여장을 풀고, 이튿날 아침 학생들은 작업복으로 갈아입고 5인 1조로 하여 현장 병동에 배치돼 부서 책임자의 지시에 따라 실습을 실시했다. 나는 지도 교수로서 현장을 순회하며 학생들을 격려함과 동시에 실습의 효과성을 점검했다.

오사카 부립 금강코로니는 정신박약자 시설이며 1970년에 대지 30만 평의 대규모로 설립되었다. 4개 병동과 양호 학교, 기타 시설 등 건물이 15,000평에 달한다. 수용 인원이 850명에 직원도 400여 명이나 되며 일본에서 손꼽히는 대규모 시설이다. 운영비는 정부가 100% 지원하며 연간 지출 예산이 45억 엔(현 한화로 486억 원)에 달한다. 일본 사회복지 시설이 그 규모가 엄청나게 큰데, 다른 한편에서는 지역사회 보호 중심의 재가 복지 서비스 프로그램을 실시하고 있다.

이제까지의 사회복지 서비스가 수용 시설 같은 서비스였다면, 앞으로는 이용하는 사람들의 욕구에 따라 서비스가 제공되어 서비스의 질이 훨씬 달라질 것이다. 요 보호자가 사회의 통합 integration에 목적을 두고 양질의 서비스를 받아 사회의 일원으로 생활할 수 있도록 '정상화normalization'의 이념에 입각한 사회복지 서비스의 조직화가 요구되기 때문이다.

이런 점에서 일본은 70년대 이후 사회복지 프로그램에 대해 논란이 계속되었고 입소 시설 형태의 신축을 억제하고 통원 중심의 시설(community center 또는 day service center) 프로그램이 많이 증설되고 있다. 이런 사업 프로그램이 증가하면서 사회복지 운영 주체가 정부 기관, 복지 법인, 복지 공사, 협동조합, 기업 등으로 확산되고 있다. 복지 공사는 정부가 설립한 기관으로 영국의 핑커R. Pinker 교수가 제시한 '복지의 혼합 경제The Mixed Economy of Welfare' 이론이 도입, 실시되고 있다. 이처럼 일본은 재가 복지사업 프로그램이 증설됨에 따라 보건 의료 분야에서 실시하고 있는 재가 간호 서비스 방법이 1989년 3월부터 '개호복지사介護福祉士'라는 자격을 국가시험을 통해 부여하여 방문간호에 대처하는 전문 인력을 공급하고 있다. 당시 개호복지사 양성을 위한 단기 대학(2년제)이 130여 개소나 되며 다음 해부터 졸업생이 5천여 명에 달했다고 한다. 우리나라도 금년도 사회복지 예산 항목에 재가복지 봉사센터라는 항목으로 책정하고 있기는 하다.

여하튼 일본의 사회복지 정책에 대한 지도 이념이 실제 필요에 따라 실천하는 것이 일반화되어 있다. 복지 정책의 이념은 그 나라의 지배적 이데올로기에 따라 다를 수 있다. 개인주의와 자유주의의 이데올로기가 지배적인 일본에서는 (1) 인간의 존엄성, (2) 자기 책임주의, (3) 동등한 기회의 보장, (4) 사회적 책임 등이 복지 정책의 지도 이념으로 작용하고 있음이 역력하다. 일본은 장애인에 대한 복지 정책의 기본적 가치이고 철학인 인간의 존엄성을 중시하고 실천하고 있음이 확연하다. 삼라만상이 각기 다른 모양과 형태로 존재하고 있는 것처럼 장애인도 비장애인과 같이 함께 어우러져 살아가는 가치 기준에 근거한 인식이다.

비록 사회복지 분야에서뿐만 아니라 일본인이 가지고 있는 사회의식 구조를 한마디로 규정하기는 쉽지 않다. 우리의 백제 문화가 전파된 후손들이라고 해서 그들도 우리 민족이라는 긍지를 가질 수도 있겠지만, 그들의 역사와 전통문화를 깊이 있게 다루지 않고는 그들을 평가하는 데 오류를 범할 것 같다. 벨라는 패전 직후 굶주림이 만연하여 미국으로부터 40억 불을 원조받았던 일본이 오늘날 세계 경제 강국이 되었는데, 이는 도쿠가와 시대에 존재하였던 중심 가치관이 현재까지 그대로 계승되었고 오히려 보다 강렬하고 합리적인 형태로까지 발전했기 때문이라고 평하고 있다.

그리고 미국의 인류 사회학자 프란시스 슈Francis L. K. Hsu도 전후 일본의 경제적 기적은 이에모또家元라는 일본 특유의 전통적 사회구조의 기반 위에서 이루어졌을 뿐 아니라 바로 그것이 강력한 추진력이 되었다고 말한다. 이에모또는 그 집단의 특성을 암시해 주는데 본질적으로 어떤 예술적 기교를 지닌 도예·유도·꽃꽂이 등 스승과 그 제자들로 이루어져 철저히 위계가 잡힌 조직이다. 그래서 그들은 많은 분야에서 몇 대(수백 년간)에 걸쳐 유업을 계승시키고 있음을 볼 수 있다. 이에모또는 그 조직의 구성원수가 대도시의 경우 백만 또는 그 이상이 되는 커다란 피라미드 조직이 될 수 있고, 일본 인구의 70%가 이에 속하며 사회구조에 대한 거대한 조직이라고 할 수 있다. 그들의 생활은 집단에 속하게 되면 능동적으로 그 집단의 행동에 참여해야 하고, 개인행동은 용납되지 않는다. 그래서 질서가 있고, 그 질서는 지도자를 잘 따르는 정신적 기반이 되고 있다. 일본인은 전통적으로 검약하고 기략이 있는 국민성을 지니고 있다고 해도 과언이 아닐 듯싶다.

그리고 철로 변과 도로변의 경작 가능한 땅은 한 치라도 이용을 하고, 부유한 사람도 자기과시의 소비가 없으며 집에 가 봐도 가구가 별로 없다. 식생활은 소량의 절인 생선, 채소, 김밥을 좋아하고 단백질이 많은 생선이나 초밥을 잘 먹는다고 한다. 식생활에서 기인한 일본인의 장수는 세계에서 1위라고 한다.

우리는 지금 일제의 압제에서 해방된 지 반세기가 지났다. 그리고 한일 외교가 정상화된 지도 40여 년이 지났다. 그들에게 짓밟힌 역사적 치욕에 그 분노를 잊을 수 없지만 지나치리만치 감성적 대응만으로 일관하지 않았는가 싶다. 우리 사회에서는 일본에 대한 인식 조류가 하나는 역사적, 인도주의적으로 볼 때 역사의 왜곡, 정신대 문제, 징용자와 원폭 피폭자 배상 문제 등 일본인이 저지른 만행에 대한 반일 감정 조류가 있고, 또 하나는 경제적 관점에서 그들을 배우고 그들과의 경제 협력을 강화하자는 현실주의적인 조류의 인식 구조가 있다. 이 두 조류는 각기 일정하게 역사적 진실을 반영하고 있기 때문에 당연하지만, 급변하는 세계 속에서 지정학적 · 지경학적으로 볼 때 그들에 대해 어떻게 대처할 것인가는 큰 과제이다. 그러나 우리는 이들 두 조류를 하나의 큰 틀 속으로 끌어들이면서 구조적으로 통합할 필요가 있음을 인식한다. 따라서 일본에 대응하는 자세는 저들을 관찰하고 실상에 대한 올바른 인식을 가져야 하며, 일본의 역사와 문화를 연구하고 정치 · 경제 · 사회를 분석하는 전문적인 연구가 있어야 할 것이 아닌가 싶다.

'부립 금강코로니'는 예산상 여유로워서인지 학생들에게 안락한 실습이 되도록 숙소와 음식에 신경을 써 주었다. 우리는 매일 실습 평가회를 가졌고, 실습을 마치는 날 훌륭한 만찬의 시간을 가졌다. 한일 양국의 민간외교에 큰 역할을 담당한 셈이었다. 우리는 그곳에서 많은 것을 배웠고 융숭한 대우를 받았다. 앞으로 양국 간의 필요한 자료를 교환할 것을 약속하고 다음 해에 만날 것을 약속했다.

(1992)

연보

1937년 11월 9일(음력 丁丑年 10월 7일), 경기 김포시 월곶면 포내리 293번지에서 아버지 이부근李富根(요셉), 어머니 한봉년韓奉年(마리아)의 6남매 중 3남으로 태어남. 1965년 4월 30일 천주교 주교좌 명동성당에서 윤기영 신부의 집전으로 아내 임영자(테레사)와 혼배성사를 받음. 장녀 은미(헬레나), 차녀 은영(안젤라) 2녀를 둠.

1957년 제물포고등학교 졸업.

1966년 인도 뉴델리 ICFTU, Asian Trade Union College 수학(노사관계론 연구).

1969년 연세대학교 경영대학원 경영학과 졸업(경영학 석사).
논문 : 「한국 단체협약의 성격 분석」.

1994년 숭실대학교 사회복지정책대학원 졸업(행정학 석사).
논문 : 「퇴직기 근로자들의 퇴직에 대한 태도와 프로그램 욕구에 관한 연구」.

1989년 명지대학교 대학원 경영학과 졸업(경영학 박사).
논문 : 「지급이자의 손금규제가 기업재무구조에 미치는 영향에 관한 연구」.

1958년 용인세무서 근무. '64. 인천중공업(주) 기획관리부 근무. '66. 전국 금속노동조합연맹 국제부장. '68. 인천중공업지부 위원장 피선, 전국금속노동조합연맹 사무국장 피선.

1970년 고려대학교 법경대학 강사, '73. 삼표산업(주) 기획실장(3년).

1976년 (주)부흥개발 관리담당(국내외) 상무이사.

1980년 세무사이택룡 사무소 개업(현).

1982년 명지전문대학 세무회계과, 지역사회개발과 강사(6년).

1988년 명지전문대학교 사회복지과 전임강사, 학과장, 조교수, 부교수, 교수.

1989년 명지대학교 경상대학 강사. '92. 명지전문대학 지역사회개발연구소장(4년)

1994년 일본 나가사키長崎 순심대학교 사회복지학과 초빙 강사.

2000년 명지대학교 사회복지대학원 사회복지학과 강사(4년).

2003년 명지전문대학교 사회복지학과 교수 정년퇴임. 인천대 행정대학원 사회복지학과 강사(8년).

(1) 학회 및 사회 활동

1987년 (사)한국세무학회이사, 감사, 부회장.

1990년 (사)한국지역사회개발협회부회장(4년).

1990년 한국조세연구소 연구위원. (주)김포신문사 논설위원(현), 인중·제고 동창회 이사. 제1회 지역사회개발 학술발표대회 준비위원장 및 주제발표. 주제 : 「2000년대를 향한 지역사회개발의 방향 -지방자치제를 중심으로-」 대전매일신문사, (사)한국지역사회개발협회 공동 주최.

1991년 한국세무사회 연수교육위원장(2년). '93.한국세무사회 감사 피선(6년), 한국조세연구소 연구위원, 운영위원.

1994년 한국사회복지학회 회원, 홍콩 까리따스(Caritas) 사회복지 시설, 중국 심천 및 마카오 등 연수.

1995년 University of Hawaii 'Executive Development Program

9504' 참가. 고양시 결산검사위원(5회). 공동선협의회 주최 사형제도 폐지 100만인 서명 운동. 김포지구당 위원장.

1996년 제15대국회 의원 출마(김포).

1997년 숭실대 사회복지정책대학원 총동문회 회장. 부설 한국통일문제연구회 회장. 한일세무사친선협회 부회장. 호주, 뉴질랜드 사회복지 시설연수. 한국지방자치학회 회원. 새정치국민회의 장애인 특별위원회 부위원장. 숭실대 사회복지정책대학원 총동문회장 주관 한반도 통일문제 세미나 개최. 새정치국민회의 직능자문위원회 세무분과 위원장.

1998년 한국사회복지사협회 평생회원. 우리농촌살리기운동본부 수도권 생산협동조합 감사.

프랑스 파리 장애인 시설 연수. AOTCA아세아·오세아니아세무사협회 제6차 정기총회 참석(Malaysian Kuala Lumpur에서 개최).

1999년 공동선협의회 수석부회장. 대한상사중재원 상사중재인.

2000년 한국사회복지사협회 평생회원. (민)국가공인을 위한 조사연구위원(한국직업능력개발원 위촉).

2001년 경기도, 충청남도 공무원 시험 출제위원(사회복지). 가양5 종합사회복지관 자문위원. 독일 프랑크푸르트, 룩셈부르크, 프랑스 파리 및 영국 런던 장애인 시설 연수. 공동선협의회 주체 심포지엄 '가톨릭과 공동선의 이해' 준비위원장 및 주제 발표 : 「등가의 연쇄를 위한 공동선의 전략적 과제」.

2002년 전국 대학사회복지교육협의회 고문. 서울시 마포구 아동복지시설 운영위원.

2003년 일산종합사회복지관 자문위원. 일산구 호수마을 3단지 동 대표

및 감사.

2005년 바르게살기운동 고양시 협의회 장항2동 위원장. (사)전국한자교육추진총연합회 지도위원.

2006년 서울시사회복지사협회 자문위원. (사)김포시민장학회 감사(10년). 고양시 장항2동 주민자치위원회 위원장, 고문. 바르게살기운동 장항2동 위원장.

2012년 연세대학교 총동문회 상임이사(현). 고양지역 세무사회 고문(현).

2016년 고양시 지역사회보장협의체 장항2동 위원장(현). 가톨릭화목복지협동조합 감사(현).

(2) 교회 활동

1956년 인천 답동성당에서 임종국(바오로) 신부님의 세례 집전(세례명:테오도로 Theodorus). 영명축일:11월 9일.

1958년 노기남 대주교 주례로 견진성사 받음(용인성당).

1964년 천주교 명동성당 레지오 마리애 pr. 행동단원.

1965년 서울대교구주교좌 명동성당 윤기영 신부 주례로 혼배성사 받음(4월 30일 오전 11시). '83. 서울대교구 남성 제66차 꾸르실료 교육(요한 분단장). 서울대교구 남성 제70차, 76차, 81차, 110차, 122차 꾸르실료 교육 봉사 임원.

1984년 한국천주교회 103위 성인 시성 및 선교 200주년 기념위원회 위원.

1885년 천주교 서울대교구 임마누엘회 회장 겸 레지오 마리애 pr. 단장. 신앙학교 과정(6월) 수료. 가톨릭세무사회 초대 회장(2년, 지도 신부 : 안양 나자로마을 이경재 신부).

1986년 천주교 서울대교구 양재동성당 사목협의회 재정분과위원장 및 수석부회장. 천주교 서울대교구 성체 분배자 임명(서울대교구).

1987년 천주교 서울대교구 평신도사도직협의회 감사(9년).

1989년 제44차 서울세계성체대회 준비위원회 위원(추기경 김수환).

1994년 미국 북가주 남성 꾸르실료 봉사 임원(미국 오클랜드 2회).

2001년 천주교 서울대교구 백석동교회 사목협의회 위원.

▶ 저서

수필집 : (공저)≪존재의 향기≫, (공저)≪木요일 아침≫, 선우미디어.

≪송곡문집≫ 이택룡 박사 정년퇴임 기념, 2003. 2.

≪지역사회복지론≫(개정판), 서울 : 양서원, 2002. 8.

≪지역사회개발론≫(공저), 백산출판사, 1995. 2.

≪지역사회개발과 지방자치≫, 백산출판사, 1995. 2.

≪기업재무구조개선과 조세정책≫, 1992. 3.

≪조세감면제도 해설≫(공저), 조세정보사, 1983. 3.

▶ 주요 논문

· 「등가의 연쇄를 위한 공동선의 전략적 과제」(학술 주제 발표), 공동선협의회 심포지엄, 가톨릭출판사 아오스팅홀, 2001. 11. 24. 오후 2시.

· 「정보화 사회의 산업복지에 관한 연구 -고용보험 정책을 중심으로-」, 명전대 산경연구, 1999. 10.

· 「일본의 공적연금제도에 관한 연구」, 명전대 논문집 제21호, 1997. 10.

· 「납세자 권리헌장과 과세 적부심사제의 법제화」, 계간「세무사」, 1996. 가을, 겨울호.

·「취득세와 등록세의 통합 방안」, 한국조세연구소 제9집, 1993. 8.
·「지방자치제 실시와 사회복지정책의 개선방안」, 명전대 논문집 제17집, 1993.
·「토지과표 현실화를 통한 세제개편 -지방세 중심으로-」, 지방의정연구회, 1993. 6. 11. 주제 발표.
·「지역사회를 위한 경제개발론」, 명전대 논문집 제15호, 1991.
·「지역사회개발을 위한 지방자치제도의 전략적 선택 방향」(학술 발표), 사단법인 한국지역사회개발협회, 대전매일신문 공동 주최 제1회 지역사회개발 학술발표대회 자료집, 1990. 8.
·「미국의 대한(對韓) 군사정책 -한국동란을 중심으로-」, 단대 대학원 논문집, 1963.

▶ 주요 시론 및 논단
·「정보화사회의 진입과 실업대책」, 김포신문, 1999. 5.
·「일본의 사회복지 시설 방문」, 김포신문, 1992.
·「교육자의 像과 인생의 나무」, 김포신문 이택룡 칼럼, 2000. 11. 6.
·「생각의 창 -인생의 나무-」, 명전대 학보, 2000. 10. 9.
·「통일을 위한 경제발전의 새로운 패러다임 모색」, 세무사보 시론, 1998. 11. 2. 김포신문 칼럼, 1998. 9. 14.
·「조세정책에 대한 강연」(요지), 새한양로타리클럽, 하이야트 호텔 로터스룸, 1998. 9. 25.
·「집단 내 폐쇄성과 유교 자본주의의 한계」, 세무사보 시론, 1998. 4. 1.
·「기업 재무구조 개선을 위한 세제의 중립성」, 김포신문 칼럼, 1997. 10.
·「기업재무구조 개선과 과세 효과 -자본비용을 중심으로-」, 계간 「세무

사」, 1997.

·「국가경쟁력 강화를 위한 모색」, 김포신문, 1997. 6. 2. 세무사보, 1997. 7. 16.

·「IMF 체제에서 본 한국경제와 기업의 구조적 모순」, 명전대 '명상', 1997. 22호.

·「농촌경제와 비교우위론」, 김포신문 칼럼, 1996. 9. 2.

·「한국 가톨릭교회 사회개발 및 복지사업(지역복지)」, 가톨릭신문, 1996. 8. 11.

·「취득세와 등록세 통합 개편 방안」, 김포신문 칼럼 1 · Ⅱ, 1993. 9. 13. 세무사보 초점, 1993. 9. 1.

·「경기인」, 경기도민회, 1993. 9. 10월호(통권 제20호).

·「일본을 어떻게 인식할 것인가」, 김포신문 칼럼, 1992. 8. 31.

·「개발의 환상과 환경 생태계의 파괴」, 세무사보 세정로, 1992. 6. 16.

·「지역사회복지 증진을 위한 조직의 중요성」, 김포신문 칼럼, 1991. 9. 16.

·「지역 균형발전과 제7차 계획의 위상」, 김포신문 칼럼, 1991. 8. 19.

·「지방재정 자립을 위한 전략적 선택 방향」, 한국국세신문, 1990. 10. 20.

·「지자제 이대로 좋은가」, 김포신문 칼럼, 1991. 6. 17.

·「30년 만에 부활된 지자제를 생각한다」, 김포신문, 1991. 1. 15.

·「지자제와 재정자립도 모색」, 세무사보 초점, 1990. 9. 30.

·「망국병으로 치닫는 부동산 투기」, 김포신문 논단, 1990. 5. 8.

·「현행 토지과세 제도에 관한 소고」, 월간「조세」, 조세통람사, 1988. 8 월호.

·「종합 재산세제 도입 방안에 대한 소고」, 계간「세무사」, 1985. 5.

·「83년도 근로소득세액의 연말정산」, 계간「세무사」, 1983. 외 다수.

▶ 자격

1955년 태권도 공인 3단.

1971년 세무사 자격(재무부 2845호).

1994년 사회복지사 1급(보건복지부 1-6214호).

1999년 상사중재인.

2010년 ≪에세이21≫로 등단. 산영수필문학회 기획위원(전), 후원회원(현)

2016년 (사) 한국수필문학진흥회 회원.

▶ 수상

1969년 노사협조 표창: 경기도지사.

1973년 모범사원 표창(2회): 인천중공업(주) 사장.

1989년 제44차 세계성체대회 준비위원(시설차장) 표창: 추기경 김수환.

1995년 한국세무사회 감사(監事) 공로패(2회): 한국세무사회 회장.

1997년 숭실대학교 대학원 발전에 대한 공로패: 숭실대학교 총장.

1998년 제15대 정권교체 기여에 대한 표창: 김대중 총재.

1999년 명지학원 10년 근속 표창패: 명지학원 이사장.

국세행정 협조에 대한 공로패: 국세청장.

2000년 부총리 겸 경제기획원 장관 공로패: 경제기획원 장관.

우리농촌살리기운동 감사패: 서울대교구장 김수환.

2014년 중부지방국세청장 표창(2회).